O PENSAMENTO DE

HERCULANO PIRES

RAYMUNDO R. ESPELHO

O PENSAMENTO DE

HERCULANO PIRES

© 2014 Raymundo Rodrigues Espelho

Editora Espírita Correio Fraterno
Av. Humberto de Alencar Castelo Branco, 2955
CEP 09851-000 – São Bernardo do Campo – SP
Telefone: 11 4109-2939
correiofraterno@correiofraterno.com.br
www.correiofraterno.com.br
Vinculada ao Lar da Criança Emmanuel (www.laremmanuel.org.br)

1ª edição – Setembro de 2014 – Do 1° ao 2.000° exemplar
Ano do centenário de nascimento de J. Herculano Pires

A reprodução parcial ou total desta obra, por qualquer meio, somente será permitida com a autorização por escrito da editora.
(Lei nº 9.610 de 19.02.1998)

Impresso no Brasil
Presita en Brazilo

Consultoria de conteúdo
Eliana Haddad

Coordenação editorial
Cristian Fernandes

Preparação de texto
Izabel Vitusso

Projeto gráfico e diagramação
Bruno Tonel

Catalogação elaborada na editora

Espelho, Raymundo Rodrigues, 1937-
    O pensamento de Herculano Pires / Raymundo R. Espelho.
– São Bernardo do Campo, SP : Correio Fraterno, 2014.
    112 p.

    ISBN 978-85-98563-81-7

1. Espiritismo. 2. Educação espírita. 3. Filosofia espírita. 4. Mediunidade.
5. Centro espírita. I. Pires, J. Herculano, 1914-1979. II. Título.

CDD 133.93

"*Eu não queria saber do espiritismo. Um dia, meu saudoso amigo Dadício de Oliveira Baulet me desafiou a ler O livro dos espíritos de Allan Kardec. A contragosto aceitei o desafio e o estou lendo e estudando até hoje. Tornei-me espírita pelo raciocínio. Isso ocorreu em 1936; eu tinha, então, 22 anos.*"

J. HERCULANO PIRES
(J. Herculano Pires – o apóstolo de Kardec, Jorge Rizzini, Editora Paideia)

Agradeço muito à equipe Correio Fraterno, que fez com que este projeto se realizasse; a todos os que trabalharam e continuam trabalhando e acreditando na divulgação da doutrina através de bons livros.

Agradeço a Herculano Pires, o verdadeiro autor desta obra.

O ENCONTRO ESPIRITUAL DE HERCULANO PIRES E RAYMUNDO ESPELHO

Prefácio de HELOISA PIRES

Izabel Vitusso enviou-me o livro que seu pai, Raymundo Espelho, escreveu, sintetizando o pensamento de Herculano. Fiquei encantada... Espelho conseguiu o que não é fácil; exige uma visão geral da obra: apresentar os pontos importantes da compreensão de Herculano sobre a vida, a morte, a doutrina espírita, a caridade, a gratidão...
Obrigada, Espelho.

Herculano exemplificou a necessidade e a possibilidade da soberania do homem sobre si mesmo, lembrando que a consciência humana é autoridade suprema e deve dirigir o homem; Deus, o criador, concedeu-nos essa soberania.

Mas, lembra o 'personagem' principal do livro de Espelho, o indivíduo precisa da expressão do verdadeiro Amor, exemplificado por Jesus, para realizar a sua evolução. O Amor que é "o clarim que desperta o ser para a existência... arrancando-o do não-ser".

O indivíduo desenvolve a sua responsabilidade aprendendo com Jesus e na reapresentação de Kardec, a amar o próximo, começando educando-se, ao cônjuge, aos filhos e exemplificando à sociedade o auxílio que conseguiu na transformação no 'homem novo'; e esse homem constrói um mundo novo, o sonhado, o reino de Deus, "cujos fundamentos são: Deus, Amor, Justiça...". Não conseguiremos esse caminhar em direção à luz sem a compreensão do Consolador Prometido, trazido por Jesus e reapresentado

em *O evangelho segundo o espiritismo* e nos livros indispensáveis de Allan Kardec...
Espelho exaltou o respeito de Herculano ao ex-druida reencarnado, dizendo e escrevendo sempre que a obra de Allan não foi suficientemente estudada e que não podemos falar em superação quando não houve compreensão. Dizia que não existe na Terra alguém com autoridade intelectual ou moral para julgar-se capaz de apresentar "a arte de bem viver exemplificada por Jesus" melhor do que o mestre de Lyon... Explicava que Kardec não reencarnara ainda por não ter encontrado condições espirituais melhores para completar o seu trabalho... Caberia aos espíritas essa contribuição à construção de um mundo melhor...

E Espelho continua a analisar com muita propriedade o pensamento do meu querido pai, lembrando que Emmanuel dizia que "Herculano é o metro que melhor mediu Kardec", como Nena Galves explica em seu primeiro livro sobre o querido médium Chico Xavier: *Até sempre, Chico*.

A amizade, o respeito entre Chico e Herculano demonstra a compreensão dos dois espíritos sobre a necessidade de união no trabalho de Kardec que, assessorado pela equipe do Espírito Verdade, apresenta o Consolador Prometido como libertador de fragilidades espirituais e possibilidade de auxiliar o aparecimento de uma nova geração mais desenvolvida espiritualmente. O pensamento de Herculano sobre o paranormal Chico Xavier aparece também em um trabalho lindo que Herculano realizou para a revista *Planeta*. Espelho lembra ainda os vários livros que Chico e Herculano escreveram juntos.

Sobre a caridade, apresentada em *O evangelho segundo o espiritismo* como a chave para a nossa libertação das paixões inferiores, o pai explica em *O centro espírita* a importância desta virtude no atendimento a encarnados e desencarnados num processo educativo que cuida também das necessidades materiais. A preocupação é educar o indivíduo, torná-lo forte, consciente, digno; mas muitas vezes é preciso dar o pão e o cobertor para depois ensiná-lo a importância da sua ligação mental com a espiritualidade superior... Em um artigo muito bom publicado em um congresso de jornalistas espíritas, "Por uma tomada de consciência", o professor pede aos espíritas que continuem a atender às carências físicas, mas que não esqueçam que as carências do espírito precisam ser sanadas através do "conhecimento que nos libertará"... Pede que considerem a importância do livro e que organizem eventos para a publicação de livros, jornais e revistas espíritas... Herculano não esquecia o "cuidai do corpo e do espírito..."

Minha mãe, Virginia, dizia sempre que o pai era coerente, vivia de acordo com o que pregava; que era uma rocha demonstrando uma fé raciocinada e profunda em Deus, o Criador, o Pai amoroso apresentado por Jesus na parábola do Filho Pródigo...

O casal demonstrou sempre amor, desapego respeitoso aos bens da Terra, compreensão da possibilidade de evoluirmos em cada encarnação e responsabilidade na divulgação do espiritismo.

Agradeço a Deus os pais que me auxiliaram na presente encarnação.

Com propriedade e autoridade o filósofo, analisa a importância da família no auxílio ao desenvolvimento do reencarnante. Lembra que "educar é um ato de amor; os adultos que não amam deseducam" e por toda a nossa infância, juventude e maturidade, fomos e continuamos envolvidos pelo amor desse casal maravilhoso.

Aprendemos com o professor, como lembra Espelho, a agradecer a Deus a bênção da existência, o auxílio espiritual que recebemos, sobretudo quando fazemos por merecer... Esse estado espiritual de gratidão, segundo os Vedas e o pai, cientificamente falando, produz em nós uma alegria que nos auxilia a amarmos e respeitarmos o próximo.

A importância da família na recepção ao reencarnante e na estimulação, fruto do amor possibilita a transformação do arbusto frágil em árvore frondosa que oferece ao mundo sua sombra, suas flores, seu perfume. Criança abandonada, órfã de pais vivos, continua arbusto frágil, que muitas vezes só pode oferecer a sua agressividade, sua decepção com o mundo que criamos, mas que vamos transformar no "reino mais belo, mais justo e mais fascinante, o reino implantado por Jesus...", lembra o grande espírito.

Espelho recorda que Herculano escreveu sobre a necessidade de educarmos para a morte. Como sempre, coerentemente prova que estava preparado. E, como diz o mestre Kardec, morremos de acordo como vivemos: tranquilamente se vivemos com tranquilidade, amando e auxiliando o próximo, ou com muitas dificuldades, incapazes de abandonarmos o magnífico instrumento de trabalho, que é o corpo físico, que tem prazo de validade que deve ser respeitado.

Herculano desencarnou como sempre vivera: lúcido, na certeza de que continuava mais vivo do que nunca, de que a vida prosseguia em bases melhores, com a possibilidade de amar e auxiliar ainda mais dilatada. Aos que duvidam da possibilidade de manter a lucidez após a grande viagem, basta ler *O céu e o inferno*, de Allan Kardec, ou o romance de André Luiz, *Obreiros da vida eterna*. André narra vários casos de desencarne, inclusive o de uma senhora que, doente, parte lúcida, consciente para o plano espiritual, preparada que estava pela vida útil que desenvolvera quando encarnada... A morte não existe, somos imortais, somos deuses e luzes e o Consolador Prometido vem nos auxiliar a encontrar o caminho iluminado por Jesus...

Obrigada, Espelho, por compreender tão bem a doutrina espírita, por exemplificar essa compreensão em uma vida digna e idealista dedicada à divulgação da Verdade, na exemplificação, no *Correio Fraterno* e nos livros que continua a escrever...

HELOISA PIRES é filha de J. Herculano Pires, professora de matemática e física, possuindo especialização em deficiências visuais e físicas, escritora, educadora e palestrante.

Eu e Herculano
Prefácio de Eliana Haddad

Assim como J. Herculano Pires, também fui enlaçada pelo espiritismo pelo raciocínio. Herculano entrou estudando Kardec. Eu, estudando Herculano. Via no que lia, em suas obras reflexivas, alguém que pensava como eu, que não aceitava dogmas e que sentia a alegria de ser convencido pela razão.

Herculano Pires me tirou da solidão e fez brotar em mim a certeza de que eu estava certa nas minhas dúvidas, nas minhas buscas. De que era verdade que para crer era preciso mesmo compreender. De que paz era movimento e a serenidade, trabalho.

Compreendi e nunca mais esqueci. A fé era muito mais do que cumprir obrigações ou acreditar em sonhos. Eu tinha o direito de errar e de aprender para me tornar melhor.

Herculano aqueceu-me a alma e disse-me com todas as letras: Vai, ser imortal, estuda, trabalha, ama e segue Jesus, com a razão e com o coração.

Foi assim que entendi a minha origem e a minha destinação, a bênção da vida, o valor de cada experiência.

Deus? Ele estava dentro de mim. Não tinha como ser de outro jeito: ele realmente existia. Imanência e transcendência, o segredo de tudo.

Obrigada, Herculano.

Eliana Haddad é jornalista da editora Correio Fraterno e expositora do Instituto Espírita de Estudos Filosóficos, em São Paulo.

APRESENTAÇÃO

Dizem que recordar é viver. E, particularmente nesse quesito, fico feliz em relembrar o meu convívio com Herculano Pires, de quem tenho excelentes recordações.

Eu era bem mais jovem e Herculano ainda tinha cabelos negros quando eu ia assistir a suas vibrantes palestras. Sua fala era sempre muito sensata, com um quê de austeridade, mas que não o livrava de maneira nenhuma a ter sempre à sua volta os que o aguardavam para amistosos diálogos. Sua didática e lógica atraíam o grande público, principalmente aquele que tinha sede para aprender sempre mais.

Lembro-me quando participei, em 1968, de um curso sobre filosofia espírita ministrado por Herculano aos sábados, no auditório da *Folha de S. Paulo*. Como foi bom. Reunidos, éramos cerca de trinta trabalhadores espíritas de São Paulo e região. Como foi bom! E parece que foi ontem!

"Foi o raciocínio que me levou ao espiritismo", Herculano dizia. Mas nem era preciso explicar. Com ideias sempre encadeadas, era sensato e reflexivo. Recomendava incansavelmente que permanecêssemos menos entusiasmados e mais cautelosos, diante das novidades que surgiam em torno da doutrina, fossem elas por vias mediúnicas ou não, principalmente as que se intitulavam 'novas revelações'. Atento, insistia para que nos lembrássemos de Allan Kardec e que passássemos sempre o novo pelo crivo da razão.

Este livro certamente vai estimular os leitores a conhecer Herculano Pires. Como e o que pensava sobre os mais diversos aspectos da vida do ser em evolução. Aqui, apenas um recorte das suas cerca de 80 obras, sobre as quais vale mesmo realmente debruçar-se para compreender a importância do bom senso e da lógica da doutrina espírita, que deve ser estudada em todos os seus aspectos.

Não tenho dúvidas de que Herculano foi um dos maiores divulgadores do espiritismo. Não só pelos livros. Ele era comprometido com a causa. Por lecionar durante anos na Faculdade de Filosofia Ciências e Letras de Araraquara, Herculano deu muito apoio aos dirigentes da *Revista Internacional de Espiritismo* e do jornal *O Clarim*, além de outros departamentos fundados e mantidos por Cairbar Schutel, em Matão, cidade vizinha a Araraquara. Na época, a Estrada de Ferro Araraquara garantia a locomoção pela região, quando as rodovias brasileiras eram poucas e em sua maioria sem pavimentação.

Sua visão idealista e clara sobre a vida nos faz acreditar no que ocorreu na noite de sua desencarnação:

No andar térreo da residência dos Pires ficava a sede do Centro Espírita Cairbar Schutel, onde se realizavam reuniões mediúnicas. Na noite de 9 de março de 1979, estando na parte superior da casa, Herculano foi acometido por um infarto e, para não atrapalhar a reunião em andamento, silenciosamente os familiares o levaram para o hospital, porém chegando lá já sem vida. A reunião transcorreu normalmente, pois os participantes nada ouviram. Algumas comunicações mediúnicas, duas psicografadas, ocorreram, uma inclusive transmitida pelo próprio Herculano. Os participantes, que sabiam que ele gozava de boa saúde, não deram crédito ao teor da mensagem. Mas logo entenderam do que se tratava, quando familiares chegaram com a notícia.

Este é o combativo Herculano que conhecemos, sempre nos trazendo surpresas. O legado que nos deixa, perfeitamente atual, nos enseja fazer este convite aos leitores, para mergulharem neste oásis de ensinamentos. Ficarão maravilhados e entenderão por que o professor e filósofo J. Herculano Pires foi considerado o melhor metro que mediu Kardec.

RAYMUNDO R. ESPELHO

A MORTE NÃO EXISTE - O espiritismo não se limita a afirmar que o homem sobrevive à morte. Ele vai mais longe, provando esse fato. *(O mistério do bem e do mal)*

ADÃO E EVA - A intenção desses monges e sacerdotes de Iavé era boa e pura. Queriam revelar os segredos da Criação para que os homens não tivessem dúvida a respeito do poder de Deus. Infelizmente não tinham esse poder e só conseguiram, com imensos trabalhos e sacrifícios, fazer de meu pai e minha mãe dois bonecos de barro. *(Adão e Eva)*

AÇÃO E REFLEXÃO - Um homem de atividade, ou de ação, precisa de ler e pensar. A atividade sem pensamento é impossível. Primeiro pensamos, depois agimos. Os que dizem que preferem agir estão errados, pois na verdade estão agindo sem o necessário critério, que vem da reflexão. Por outro lado, a reflexão se apoia no conhecimento e, quem não lê, conhece muito pouco. A boa leitura e o bom pensamento conduzem à ação reta, à atividade certa. Leia mais e pense, sempre, antes de agir. *(O mistério do bem e do mal)*

AGONIA DAS RELIGIÕES - O materialismo morreu por falta de matéria, como afirmou Einstein, e as religiões agonizam, como podemos ver, por falta de espírito. *(Agonia das religiões)*

AJUDA ESPIRITUAL - Os espíritos nos ajudam constantemente. Os maus nos ajudam na manutenção dos nossos vícios ou na criação de outros, nos pensamentos negativos e na maledicência. Os bons nos ajudam no aprimoramento de nossas virtudes ou na aquisição de outras, nos pensamentos positivos e na compreensão e tolerância para com o próximo. Todos, bons e maus, somos sempre ajudados pelos espíritos, que estão constantemente ao nosso redor. *(O mistério o bem e do mal)*

ALLAN KARDEC - Kardec não foi apenas o iniciador da educação espírita. Foi também a primeira testemunha da eficácia dessa nova forma de educar. *(Pedagogia espírita)*

ALMAS AFINS - A fusão de duas almas numa só é um mito que simboliza a afinidade perfeita, pois cada alma é um ser que se destina à universalidade do amor e não ao exclusivismo a dois. *(Pesquisa sobre o amor)*

ALMAS FORTES - As almas fortes são aquelas que procedem de linhas evolutivas em que os espíritos se aperfeiçoam no uso da independência e da coragem. Por isso mesmo trazem consigo um condicionamento disciplinar que não aceita facilmente as concessões. Uma palavra rude de uma alma forte, embora não intencional, pode ferir a suscetibilidade de uma alma frágil, prejudicando-a no seu equilíbrio por uma insignificância. Ora, segundo a regra geral das relações humanas, o forte deve proteger e amparar o fraco, para ajudá-lo a se fortalecer. *(O centro espírita)*

ALMAS FRÁGEIS - As almas frágeis precisam ser constantemente vigiadas e orientadas no centro espírita, pois se entregam facilmente a um misticismo inferior, tentando alcançar a angelitude através de submissão interesseira a espíritos mistificadores, dirigentes de vistas curtas e médiuns pretensiosos. Gostam de ordens, fraternidade, escolas evangélicas, de sacristia e coisas semelhantes, onde possam usar distintivos, insígnias e serem classificadas em graus de evolução. Todas essas modalidades de agrupamentos exclusivistas, separatistas e pretensiosas servem para protegê-las na sua fragilidade. *(O centro espírita)*

AMBIÇÃO - Infelizmente a maioria das criaturas não gosta de reconhecer os seus limites. A vaidade e a ambição levam muita gente a dar passos mais largos do que as pernas permitem. É o que hoje vemos, de maneira assustadora, em nosso meio espírita. Os casos de fascinação multiplicam-se ao nosso redor. Pessoas que podiam ser úteis se transformam em focos de confusão e perturbação, entravando a marcha do espiritismo com a sustentação de teorias absurdas que levam a doutrina ao ridículo. *(A pedra e o joio)*

AMISTOSIDADE - Jesus sofreu as negações de Pedro, a dúvida de Tomé, a traição de Judas. Não deixou de adverti-los com energia quando necessário, mas nunca se recusou a entender-se com eles e nunca deixou de amá-los. Quando precisou de um apóstolo capaz de tudo abandonar pela causa evangélica de ser fiel à verdade, acima de tudo foi buscar o seu inimigo mais feroz na estrada de Damasco e o arrebatou na sua luz e no seu amor. *(Na hora do testemunho)*

AMOR - O amor é o clarim que convoca o ser para a existência. É o toque de caixa que o arranca do mistério do não-ser. *(Pesquisa sobre o amor)*

AMOR A DEUS - Temos que mostrar que o amor a Deus, a mais elevada forma de amor existente na Terra, não é feito de medo e terror, mas de compreensão que não se dirige a um mito, mas a uma consciência que nos impulsiona na prática da justiça e da bondade, sem discriminações de espécie alguma. *(Educação para a morte)*

AMOR À PRIMEIRA VISTA - O amor à primeira vista é como o súbito encontro de cargas elétricas negativas e positivas que produzem o raio. Esse amor explode como a centelha elétrica e tanto pode iluminar a escuridão de uma vida como destruir as existências atingidas. *(Pesquisa sobre o amor)*

AMOR À VERDADE - Acusa-se a razão de frieza e insensibilidade, mas a razão possui o calor do entusiasmo e a sensibilidade da justiça sem vendas nos olhos. (...) Os que amam a verdade não podem tolerar a mentira nem acumpliciar-se com os exploradores da mentira. (...) O amor à verdade é intransigente, porque a verdade é uma só. *(Educação para a morte)*

AMOR DIVINO - Se quisermos compreender o amor divino temos de partir do amor humano. Esta é a nossa única possibilidade de abordagem para a pesquisa do amor. *(Pesquisa sobre o amor)*

ANGELITUDE - Para restabelecermos a verdade espírita entre nós e reconduzirmos o nosso movimento a uma posição doutrinária digna e coerente, é preciso compreender que a doutrina espírita é um chamado viril à dignidade humana, à consciência do homem para deveres e compromissos no plano social e no plano espiritual, ambos conjugados em face das exigências da lei superior da evolução humana. Só nos aproximaremos da angelitude, o plano superior da espiritualidade, depois de nos havermos tornado homens. *(O centro espírita)*

ANIMISMO - O plasma físico do perispírito (corpo semimaterial, segundo Kardec) é dirigido nas manifestações pelos elementos não-físicos do corpo espiritual. Os teóricos desavisados do inconsciente, como os da escrita automática e dos fenômenos físico da mediunidade, esquecem-se (jamais tomaram conhecimento) dos estudos e das pesquisas de Kardec, Aksakof e Bozzano sobre 'animismo' ou manifestações da própria alma ou espírito do médium nas manifestações mediúnicas. Formulam, assim, hipóteses superadas logo no início das pesquisas espíritas, quando o próprio Freud ainda não havia nascido. *(Curso dinâmico de espiritismo)*

ANJO - A doutrina espírita nos ensina que somos, todos, candidatos a anjo. Mas é conveniente lembrar a distância existente entre o candidato e o cargo, ou a posição que ele deseja atingir. Todos somos candidatos, mas não sabemos quando atingiremos o grau necessário de evolução espiritual, moral e intelectual para elevar-nos à categoria angélica. Por essa e por outras, Kardec sempre acentuou que o espiritismo é uma questão de bom senso. Por outro lado, a sabedoria popular nos adverte que não é com muita sede que se vai ao pote. *(O mistério do bem e do mal)*

ANTIPATIA - Quanto mais inseguros nos sentimos, tanto mais difícil se torna a nossa aceitação do próximo sem prevenções e desconfianças. Nossa primeira atitude, ante um desconhecido, é sempre de reserva ou de antipatia. *(Educação para a morte)*

APARATOS - O centro espírita nasceu como Jesus e com Jesus, sem os aparatos inúteis do formalismo religioso, restabelecendo nas almas a confiança em si mesmas, despertando-lhes a percepção de sua natureza divina. As almas frágeis tornaram-se fortes na fraqueza da simplicidade. *(O centro espírita)*

APEGO - O ser projetado na existência encontra a festa do mundo e a ela se entrega, mas a própria existência dispõe de recursos para fazê-lo sentir que é um ser dotado de consciência, deveres e responsabilidade. O apego ilusório às coisas e à rotina faz parte de um processo disciplinar. A festa do mundo exige pagamento de entrada e permanência, exerce vigilância sobre ele e seu comportamento. *(Pesquisa sobre o amor)*

APOCALIPSE - O Apocalipse de João foi considerado, muito especialmente pelos cristãos, como um documento importante da profecia messiânica, que começou com o advento de Jesus Cristo. Não obstante, os historiadores do cristianismo acham que este Apocalipse se refere, particularmente, à época do Império Romano. (...) Porque a queda do Império era a morte de um mundo antigo, em que toda a civilização se assentava nos princípios da força e da violência. *(No limiar do amanhã)*

APRENDIZADO ESPÍRITA - As obras de Kardec são a única fonte verdadeira do saber espírita. Quem não ler e estudar essas obras com humildade e vontade legítima de aprender, não conhece o espiritismo. *(O mistério do bem e do mal)*

ARIGÓ I - Os adversários de Arigó procuram desesperadamente casos de falhas no diagnóstico, no receituário, nas operações. As falhas existem ou parecem existir num caso ou noutro, mas sempre em casos de segunda importância. Fossem importantes e estariam expostas nos jornais, no rádio, na televisão, denunciadas à polícia e à justiça. Arigó não é um taumaturgo. É apenas um indivíduo dotado de faculdades paranormais, e dotado em alto grau. *(Arigó – vida, mediunidade e martírio)*

ARIGÓ II - O que interessa em Arigó não são as suas possíveis falhas, mas os seus acertos, que são muitos. Veja-se o que diz a sentença que o condenou: milhões de doentes passaram pelas suas mãos, e nenhum, até hoje, quis levá-lo à justiça. *(Arigó – vida, mediunidade e martírio)*

ASSISTÊNCIA MEDIÚNICA - Alegam alguns que os espíritos perturbados são assistidos no próprio plano espiritual. Mas Jesus, por acaso, deixou de assistir aos espíritos necessitados, aqui mesmo, na Terra? Pelo contrário, os assistiu e mandou ainda os seus discípulos fazerem o mesmo. A experiência espírita confirma o acerto do atendimento terreno, demonstrando cientificamente que os espíritos desencarnados, mas ainda muito apegados às condições da vida material, precisam de assistência mediúnica para se livrar desse apego. *(O centro espírita)*

AUTOCASTIGO - Mergulhado na rede de causas e efeitos, mas dotado de livre-arbítrio que a razão lhe confere, o homem é semelhante ao nadador que enfrenta o fatalismo das correntes de água, dispondo de meios para dominá-las. Ninguém é levado na corrente da vida pela força exclusiva das circunstâncias. A consciência humana é soberana e dispõe da razão e da vontade para controlar-se e dirigir-se. Além disso, o homem está sempre amparado pelas forças espirituais que governam o fluxo das coisas. Daí a recomendação de Jesus: "Orai e vigiai". *(Astronautas do além)*

BEM E MAL - Os bichos se mordem e se estraçalham. O fraco foge do forte. Mas, o homem não é bicho, é homem. Tem inteligência, consciência, linguagem, sabe falar. Os homens se entendem. Devemos pagar o mal com o bem porque precisamos do bem para viver. O mal aumenta o mal e transforma os homens em bichos. A lei do "olho por olho e dente por dente" pertence às épocas de barbárie. Só o amor produz a civilização, humanizando os costumes e desenvolvendo a solidariedade. *(O mistério do bem e do mal)*

BÊNÇÃO DA VIDA - Afaste do seu coração qualquer ressentimento contra quem quer que seja. Comece o dia com um sentimento de gratidão a Deus pela bênção da vida e pela bênção maior da compreensão do reino. *(O reino)*

BEZERRA DE MENEZES - As mãos de Bezerra de Menezes, o Médico dos Pobres, foram na Terra as fiandeiras da caridade. *(Diálogo dos vivos)*

BÍBLIA - O espiritismo tem como base as Escrituras, tem seus fundamentos na Bíblia. Mas é claro que o conceito espírita da Bíblia não pode ser igual ao das religiões que ficaram no passado apegadas às formas sacramentais de magia, aos ritos materiais e aos cultos exteriores do próprio paganismo. A Bíblia não pode ser para o espírita esclarecido a 'palavra de Deus', pois é um livro escrito pelos homens. *(Visão espírita da Bíblia)*

BOM SENSO - O espiritismo é uma doutrina de bom senso, de equilíbrio, de esclarecimento positivo dos problemas espirituais, e não de hipóteses sem base ou de suposições imaginosas. As linhas seguras da doutrina estão na codificação kardequiana. *(O infinito e o finito)*

BRASIL I - O Brasil é um país abençoado por Deus, livre dos principais flagelos que devastam os outros. Mas a nação brasileira não tem um conceito claro de Deus. *(Concepção existencial de Deus)*

BRASIL II - Teu mapa é um coração feminino, três corações reunidos num só; o da Virgem que brilha no céu e dá nascimento ao Messias (virgem antes, durante e após o parto); o de Bartira que brilha na terra e dá nascimento à raça; o de Isabel que brilha na história que dá nascimento à Pátria. *(Poesias)*

CARIDADE - O espiritismo nasceu da caridade, e nela e por ela se desenvolve. Mas, para bem compreendermos esse fato, é necessário, primeiro, entendermos o verdadeiro sentido da palavra caridade. Kardec perguntou aos espíritos qual era esse sentido, segundo Jesus a entendia. E os Espíritos lhe responderam: "Benevolência para com todos, indulgência para com as imperfeições alheias, perdão das ofensas". *(O homem novo)*

CASAMENTO I - O casamento não se faz no cartório, mas no lar, e nele é que o inimigo transformado em parente acaba por nos amansar. *(Na era do espírito)*

CASAMENTO II - As responsabilidades do casamento não se referem apenas aos esposos, mas também aos filhos e familiares de lado a lado. Por isso o divórcio é permitido, como ensinou Jesus, em virtude da dureza dos nossos corações, mas aqueles que puderem evitá-lo vencerão mais depressa na senda da evolução espiritual. A união a dois é sempre um encargo honroso, como acentua Emmanuel, e feliz daquele que sabe mostrar-se digno desse encargo. *(Astronautas do além)*

CATEGORIAS RELIGIOSAS - As religiões se dividem em duas categorias fundamentais: as reveladas ou naturais e as inventadas ou artificiais. Independentemente das classificações existentes, podemos dispô-las nessas duas linhas de análise. A religião natural, neste caso, é a que surge espontaneamente, entre os povos primitivos ou civilizados, a partir do ensino de um mestre. As artificiais são criadas no meio civilizado, em momentos de crise religiosa. *(Agonia das religiões)*

CEGOS DO EVANGELHO - A obra de Kardec ainda não foi suficientemente estudada. A maioria dos espíritas estudiosos não conseguiu ainda penetrar na essência dessa obra, que não foi escrita para um século, mas para muitos séculos. Infeliz daquele que pretende ser o mestre de todos. Na verdade é o cego do Evangelho que conduz outros cegos ao barranco. Precisamos ter muito cuidado para não entrarmos nessas filas de cegos ou nos colocarmos na posição ridícula de cego a guiar cegos. *(O mistério do bem e do mal)*

CELIBATO - O celibato religioso contradiz os fundamentos da religião. É uma violência contra as fontes da vida. Apague-se o sexo do mundo e voltaremos aos espaços vazios de mundos mortos na mecânica fria dos tempos anteriores à Gênese. Por isso, a história religiosa está povoada de íncubus e súcubus, os espíritos vampirescos que, durante a Idade Média atormentavam freiras e frades na suposta santidade dos mosteiros e conventos. E ainda hoje a ação desses espíritos se faz sentir por toda parte, em manifestações espantosas que, em geral, permanecem ocultas nos arquivos da pesquisa psíquica mundial. *(O centro espírita)*

CENTRO ESPÍRITA I - Os centros espíritas têm um grande papel a desempenhar na luta pelo esclarecimento do povo, devendo promover constantes programas de combate a todas as formas de confusão doutrinária. *(O infinito e o finito)*

CENTRO ESPÍRITA II - Um centro espírita pequeno e modesto – como na maioria o são – atrai as pessoas realmente interessadas no conhecimento doutrinário, cria um ambiente de fraternidade ativa em que as discriminações sociais e culturais desaparecem no entrelaçamento de todos os seus componentes, considerados como colaboradores necessários de uma obra única e concreta. *(O centro espírita)*

CENTRO ESPÍRITA III - O centro espírita é hoje a semente humilde que as secas e os furacões não puderam atingir. Embora ainda, na sua maioria, mostrem-se enteados num misticismo larvar, conservam nessa própria condição negativa as energias potenciais da reconstrução. E é nesse seu trabalho missionário e humilde, socorrendo, orientando, estimulando, que ele modifica o mundo através da modificação progressiva das consciências. *(O centro espírita)*

CENTRO ESPÍRITA IV - O centro espírita é hoje a estalagem da estrada de Emaús na Terra, onde o Cristo ressuscitado parte o pão da verdade legítima com os discípulos que não o reconheceram. *(O centro espírita)*

CIÊNCIA ESPÍRITA - A ciência espírita só apareceu depois do desenvolvimento das outras ciências, para termos uma ideia da sua complexidade. Só agora, os físicos, químicos, biólogos, botânicos, psicólogos, sociólogos e parapsicólogos estão descobrindo que os seus enganos já foram percebidos por Kardec, há mais de um século. Precisamos pensar nisso quando lermos um artigo ou um livro de pretensos mestres que se dizem descobridores da pólvora. Como disse Kardec, um grande sábio pode conhecer muito da sua especialidade, mas é ignorante em espiritismo. *(O mistério do bem e do mal)*

CIÊNCIA E TRANSCENDÊNCIA - Kardec, descobrindo a autonomia do espírito, ser individual que se desenvolve em sociedade mas não se absorve nesta – pelo contrário, a transcende –, abriu as portas de uma ciência nova, de mais difícil desenvolvimento que a sociologia, e que realmente é a última a ser atingida pelo homem, pois é a sua própria ciência. (*Os três caminhos de Hécate*)

CIÊNCIAS MATERIAIS - A ciência espírita não se opõe às ciências materiais em nenhum campo, tentando apenas ajudá-las com a necessária complementação das suas pesquisas e conquistas próprias. É fácil verificar a verdade destas informações na simples consulta às obras de Kardec, incluindo-se os relatos sobre obsessões e desobsessões em seus trabalhos publicados na coleção da *Revista Espírita*. (*A obsessão, o passe e a doutrinação*)

CIÊNCIAS PSÍQUICAS - Todos os rios levam suas águas para o mar. Todas as ciências psíquicas desembocam fatalmente no delta do espiritismo. Não podemos desprezar as suas pesquisas e as suas conclusões. (*Mediunidade: vida e comunicação*)

CIVILIZAÇÃO DO ESPÍRITO I - Chamamos civilização do espírito aquela em que os poderes espirituais regerão a vida social. Para isso é necessário que a sociedade seja constituída por seres morais, criaturas formadas nos princípios da moral consciencial. (*Agonia das religiões*)

CIVILIZAÇÃO DO ESPÍRITO II - Todas as civilizações da Terra se desenvolveram, numa assombrosa sucessão de sombra e luz, para que um dia – o Dia do Senhor, de que falavam os antigos hebreus – a civilização do espírito se instale no planeta martirizado pelas tropelias da insensatez humana. Então teremos o novo Céu e a nova Terra da profecia milenar. (*O espírito e o tempo*)

CLERO - O clero cristão, tanto católico como protestante, tanto do Ocidente como do Oriente, perdeu a capacidade de socorrer e consolar os que se desesperam com a morte de pessoas amadas. Seus instrumentos de consolação perderam a eficiência antiga, que se apoiava no obscurantismo das populações permanentemente ameaçadas pela ira de Deus. (*Educação para a morte*)

COLABORAÇÃO INTEREXISTENCIAL - Os gregos antigos diziam que os seus deuses viviam no intermúndio, entre o céu e a Terra. O espiritismo nos permite compreender essa verdade de maneira clara e racional: para eles, os espíritos eram os deuses bons e maus que se comunicavam através dos oráculos e das pitonisas. Eles também conheciam as agêneres, pois os seus deuses podiam descer do Olimpo e aparecer aos homens como homens. O conceito de interexistência deriva do conceito de intermúndio formulado pelos gregos. E no espiritismo esses conceitos se ampliam através das pesquisas mediúnicas, revelando as leis da colaboração interexistencial a que naturalmente se entregam os espíritos e os homens em todos os tempos, desde os primitivos até ao nosso. (*Curso dinâmico de espiritismo*)

COMUNICAÇÃO - Kardec desenvolveu o seu método de pesquisa tendo por base o processo de comunicação. Hoje estamos na época da comunicação e essa palavra adquiriu um valor científico de importância básica. Mas a palavra comunicação já era, no tempo de Kardec, uma categoria da filosofia espírita e designava um elemento fundamental da pesquisa espírita. A comunicação mediúnica abriu para o homem uma nova dimensão na sua concepção do mundo e da vida. (*A pedra e o joio*)

COMUNICAÇÃO COM OS ESPÍRITOS - O espiritismo, como dizia Kardec, não inventou a comunicação dos espíritos. O que fez foi apenas estudar a comunicação e empregá-la no esclarecimento espiritual do mundo, na orientação segura dos homens para Cristo. Da mesma maneira por que os cientistas não inventaram as quedas d'água, mas procuraram dominá-las e delas extrair a luz para iluminar as cidades. (*O infinito e o finito*)

COMUNICAÇÕES MIRABOLANTES - As 'verdades novas', que comunicações mirabolantes pretendem transmitir, são aquelas mesmas afirmações dogmáticas que causaram o desprestígio do espiritualismo no passado. Nada têm de novo, portanto. Pelo contrário, carreiam apenas o ranço do antigo profetismo, carregado de magia e misticismo. *(O espírito e o tempo)*

CONCEITO DE MEDIUNIDADE - O conceito de mediunidade que vigora entre nós, na maioria esmagadora dos centros, é espantosamente ambivalente e, portanto, contraditório. Afirma-se ao mesmo tempo que a mediunidade é uma graça e uma provação, que os médiuns são espíritos grandemente faltosos, não obstante adorados como enviados de Deus. Os que estudam seriamente a doutrina logo percebem a falsidade desse conceito. A mediunidade é uma faculdade natural da espécie humana, como todas as demais faculdades. Toda criatura humana é naturalmente dotada de mediunidade. (...) Mas a mediunidade manifesta-se nas criaturas em diferentes graus de desenvolvimento. *(O centro espírita)*

CONCEPÇÃO MATERIALISTA DO HOMEM - A concepção materialista do homem reduz a Humanidade a uma espécie animal sem perspectivas. A vida, os sonhos, os anseios humanos se transformam em miragens e alucinações sem sentido. *(Vampirismo)*

CONHECE-TE A TI MESMO - O oráculo de Delfos já ensinara a Sócrates que a ciência mais elevada é a do 'conhecimento de si mesmo' e o tempo se incumbiu de provar a verdade do ensino. A última das ciências é a que nos liberta da matéria. *(Os três caminhos de Hécate)*

CONSCIÊNCIA - A consciência é o centro dinâmico do ser, estruturado pela essência das experiências sofridas e vividas através da evolução criadora. *(Vampirismo)*

CONSOLADOR PROMETIDO - Não devemos nos esquecer de que a codificação representa o cumprimento da promessa evangélica do consolador, que veio na hora precisa. Deixar de lado a codificação, para aceitar novidades confusas, é simples temeridade. *(O infinito e o finito)*

CONSOLO - O consolo que o espiritismo nos dá não é a proteção fictícia da fé cega, dos sacramentos vazios de sentido, do socorro espiritual egoísta, em forma de privilégio injustificável, do paternalismo dos sacerdotes profissionais, dos agrados interesseiros de médiuns venais. O consolador não se manifesta através de prodígios sobrenaturais, mas na forma de esclarecimentos positivos, de revelação científica das leis naturais que até agora olvidamos ou encaramos como crianças choramingas pedindo colo. *(O centro espírita)*

CONTROLE DAS IDEIAS - Você é um ser humano adulto e consciente, responsável pelo seu comportamento. Controle as suas ideias, rejeite os pensamentos inferiores e perturbadores, estimule as suas tendências boas e repila as más. Tome conta de si mesmo. Deus concedeu a jurisdição de si mesmo, é você quem manda em você nos caminhos da vida. Não se faça de criança mimada. Aprenda a se controlar em todos os instantes e em todas as circunstâncias. Experimente o seu poder e verá que ele é maior do que você pensa. *(A obsessão, o passe e a doutrinação)*

CONVERSÃO - O centro espírita não é um instrumento de conversões, mas também não pode ser um instrumento de dissensões. O espiritismo não quer impor-se aos outros, mas ajudar e esclarecer os que o procuram. *(O centro espírita)*

CORPO - Para a filosofia espírita o corpo não é uma instância ontológica, mas uma instância existencial. Da existência material o ser passa para a existência espiritual, mudando de instância existencial: substitui o corpo físico pelo corpo energético do perispírito. (...) O 'existente' ou 'homem no mundo' adquire a condição espírita de 'interexistente' ou 'homem no intermúndio'. *(Introdução à filosofia espírita)*

CRENÇA E CIÊNCIA - Certas pessoas querem negar a natureza científica do espiritismo, por considerarem a 'crença' espiritual uma simples superstição. Alegam que desde as eras mais remotas os homens acreditaram em espíritos. Mas não é o fato de sempre haverem acreditado o que importa, e sim o fato das próprias investigações científicas modernas confirmarem essa crença. (*O espírito e o tempo*)

CRENÇA ESPÍRITA - Falar do espiritismo como simples crença é ignorar um dos capítulos mais empolgantes da investigação científica mundial. E é ignorar, também, a abertura de perspectivas mais amplas para a filosofia e a nova colocação do problema religioso, que o espiritismo está realizando no mundo. A religião espírita não decorre da crença, mas das provas objetivas da sobrevivência e das consequências filosóficas dessas provas. (*Mistério do bem e do mal*)

CRENDICE - Tanto à descrença absoluta como à crendice beata faltam as luzes do verdadeiro esclarecimento espiritual, da verdadeira ligação do homem com o sentido da vida(...) A crendice fanática faz a mesma coisa com os convencionalismos religiosos, em cujo redemoinho de cerimônias e dogmas prende a mente subjugada. (*O homem novo*)

CRIAÇÃO - Ninguém admitirá que uma flor desabrocha sem motivo, que uma pedra cai sem causa. Da mesma maneira, não podemos admitir que um Universo apareça tirado da cartola de um mágico. (*Concepção existencial de Deus*)

CRIAÇÃO BÍBLICA - Foi um capricho do Mágico Celeste tirar Eva das costelas de Adão, pois Caim, filho do primeiro casal humano, logo mais iria casar-se no país de Nod, onde constituiria família e até mesmo fundaria uma cidade entre milhares de cidades da Terra. (*Adão e Eva*)

CRIAÇÃO DO MUNDO - No caso da criação do mundo e do homem, segundo a Bíblia, [o espiritismo] confirma a realidade na alegoria e dá a explicação desta. Impossível tomar-se hoje a Bíblia ao pé da letra. É necessário penetrar o sentido dos seus símbolos, dos seus mitos, das suas alegorias. *(Visão espírita da Bíblia)*

CRIANÇAS - Os adultos sem amor não podem educar. Pelo contrário, deseducam. As crianças necessitam de afeto, de carinho, de atenção. A natureza humana é diferente da natureza animal. Não se pode nem se deve domesticar uma criança como se fosse um cachorrinho, domá-la como se fosse um potro. Cada criança é uma inteligência despertando para a vida, e mais do que isso, é uma consciência que desabrocha. Essa inteligência e essa consciência precisam de aceitação e compreensão, pois do contrário se ressecam, tornam-se amargas, voltam-se para a rebeldia e a maldade. Os próprios animais não podem ser domesticados com violência. *(Pedagogia espírita)*

CRIAR - A liberdade de se determinar a si próprio confere ao homem o poder de criar. Ele cria o seu próprio mundo, as suas formas de vida, o seu destino. A princípio, o faz de maneira quase inconsciente, como a criança que se queima na chama da vela, por querer pegá-la. Mas, depois, as experiências o acordam para a plenitude consciencial de que ele deve desfrutar, segundo o seu destino natural. *(O espírito e o tempo)*

CRISTIANISMO - Não há nenhuma possibilidade de se reajustar o cristianismo oficializado pelo Império Romano, ao cristianismo espiritual de Jesus. A gigantesca estrutura da Igreja é o último resíduo do império dos Césares. Só nos resta devolver a César o que é de César e dar a Deus o que é de Deus. *(Revisão do cristianismo)*

CULTURA - Nenhuma cultura se desenvolve sem crítica e sem exercício acurado do espírito crítico. O espiritismo, ele mesmo, é um movimento crítico em favor do desenvolvimento da civilização do espírito, como vemos na obra gigantesca de Kardec. Todas as reações que esta reedição provocar serão benéficas, mesmo quando possam parecer o contrário. A defesa da verdade está sempre acima dos melindres pessoais. *(A pedra e o joio)*

CURA - Fala-se muito em méritos e recompensas, mas não se trata disso na questão das curas. A questão de méritos é nossa, e como somos sempre demasiado generosos em nosso autojulgamento, ao receber uma cura nos consideramos premiados. Para Deus, e, portanto, para os espíritos superiores, a doença é cura de nossas imperfeições e a cura é que nos predispõe para as provas que ainda teremos de enfrentar. (*O centro espírita*)

CURA DA OBSESSÃO - A cura da obsessão é uma autocura. Ninguém pode livrar você da obsessão se você não quiser livrar-se dela. Comece a livrar-se agora, dizendo a você mesmo: "Sou uma criatura normal, dotada do poder e do dever de dirigir a mim mesmo. Conheço os meus deveres e posso cumpri-los. Deus me ampara." Repita isso sempre que se sentir perturbado. Repita e faça o que disse. Tome a decisão de se portar como uma criatura normal que realmente é, confiante em Deus e no poder das forças naturais que estão no seu corpo e no seu espírito, à espera do seu comando. Dirija o seu barco. (*A obsessão, o passe e a doutrinação*)

CURA ESPÍRITA - A cura espírita não se efetua, por mais dedicados que sejamos ao espiritismo, por mais abnegados no tocante ao próximo, se a doença ou deficiência que sofrermos for em si mesma o remédio de que de fato precisamos. Os interesses superiores da evolução espiritual estão sempre acima dos nossos interesses individuais e passageiros. (*O centro espírita*)

DAR E RECEBER - Oh tu que recorres ao médium-curador e confias teus males ao poder misterioso de Hahnemann. Não te esqueças de que há provas sangrando em hemoptises fratricidas. Não te esqueças da fome que devora teus irmãos agonizando entre riquezas. Não te esqueças dos abutres guerreiros que dividem o tempo em guerra e paz para o banquete metálico dos lucros. (*Poesias*)

DEFICIÊNCIAS - As deficiências que afetam milhões de criaturas ao nosso redor e no mundo, e das quais fomos preservados, devem acordar em nós os sentimentos de humildade e levar-nos 'à redenção do Amor'. (...) É a libertação do egoísmo (do amor fechado em nós e por nós, com exclusivismo) que nos redimirá da ingratidão para com o Doador e nos iniciará na transcendência horizontal do amor ao próximo da qual facilmente nos ergueremos à transcendência vertical do amor a Deus. *(Chico Xavier pede licença)*

DESEQUILÍBRIOS SEXUAIS - Nossa responsabilidade no campo das sensações é muito maior do que podemos imaginar. Nossos pensamentos, desejos e viciações contagiam não apenas os companheiros da existência terrena, mas também os nossos vizinhos do mundo espiritual interligado à Terra. Muitas criaturas perturbadas por desequilíbrios sexuais não passam de espíritos fracos que se deixam influenciar por entidades grosseiras, as quais lhes transmitem sensações físicas, constatadas nas pesquisas psíquicas do século passado e deste século. *(Pesquisa sobre o amor)*

DESISTENTES - Os que dizem ter sido espíritas e deixado a doutrina, nunca o foram. Se tivessem realmente penetrado no conhecimento doutrinário, de mente e coração, não poderiam voltar à ignorância do niilismo sem fundamento ou às fábulas do religiosismo contraditório e absurdo. Um marinheiro que deixou o mar nunca se esquecerá do marulho das ondas e jamais perderá a lembrança das amplidões marinhas em que navegou. *(O centro espírita)*

DESTINO - Entre o primeiro grito da criança ao nascer e o último suspiro do velho ao morrer, temos a consciência do ser e do seu destino. *(Educação para a morte)*

DESVIOS - Que Jesus nos ampare, a fim de não nos desviarmos, nunca, do nosso objetivo, que é revelar, a todos os que se interessam pela verdade, aquilo que o Espírito de Verdade nos ensinou, através da doutrina consoladora do espiritismo. *(O mistério do bem e do mal)*

DEUS - Deus, como 'Existente', é o Pai que Jesus nos apresenta em termos racionais, pronto a nos guiar e amparar, a nos dar pão e não cobrar quando temos fome e a nos convidar incessantemente para o seu reino de harmonia e beleza. Se podemos percebê-lo em nós mesmos, na nossa consciência e no nosso coração, se podemos vê-lo em seu poder criador numa folha de relva, numa flor, num grão de areia e numa estrela, (...) ele realmente existe em nossa realidade humana e o podemos amar, e de fato o amamos de todo o coração e de todo o entendimento. *(Concepção existencial de Deus)*

DEUS BÍBLICO - Muitos estudiosos estranham a afirmação espírita de que o Deus bíblico é o mesmo Deus de Jesus. Fazendo uma distinção, que nos parece natural e necessária, entre a Bíblia, como Velho Testamento, e os Evangelhos, como Novo Testamento, diremos que o Deus bíblico é o mesmo Deus evangélico. As diferenças entre ambos se explicam através da lei de evolução. Se os homens do horizonte agrícola não podiam conceber o Deus único senão por uma forma sincrética, uma mistura de Deus e de homem, os do horizonte espiritual irão concebê-lo de maneira mais pura. Não se trata, porém, de dois Deuses, e sim de um mesmo Deus, visto de duas maneiras. *(O espírito e o tempo)*

DEUS E O HOMEM - Quem ousaria confundir Deus com o homem e o homem com Deus? O criador dos seres e das coisas, de tudo quanto existe, existiu e está para existir não cabe na limitada e mesquinha forma humana. Ele nos criou à sua imagem e semelhança porque nos criou espíritos. É nisso que nos assemelhamos a Deus, como o reflexo de nossa imagem numa gota d'água se assemelha a nós. *(O infinito e o finito)*

DEUS TIRANO - O grande erro das religiões é apresentar Deus como enigma insolúvel e exigir que o amemos de todo o coração e todo o entendimento. Essa colocação contraditória levou-as a um absurdo ainda maior, o de transformar Deus num tirano sádico que nos criou para submeter-nos à tortura e à perdição. (*Concepção existencial de Deus*)

DIABOS - Há uma espécie de seres que não figura na ontologia espírita: a dos seres condenados para sempre ou voltados eternamente ao mal. A filosofia espírita não admite essa concepção aberrante da justiça e do amor de Deus. Há diversidades no processo de evolução dos espíritos, em virtude do livre-arbítrio, indispensável ao desenvolvimento da responsabilidade espiritual. Mas não há nem pode haver seres maus por natureza, pois isso estaria em contradição com o princípio da criação de todos os seres por Deus. (*Introdução à filosofia espírita*)

DIALÉTICA E EVOLUÇÃO - Deus é o bem e está presente em tudo. O mal é tudo o que se opõe a Deus. Dessa maneira, a dialética do bem e do mal se define como evolução. Toda a realidade que conhecemos e podemos conhecer nos revela a incessante passagem das coisas e dos seres de uma condição caótica, imprecisa, confusa, estática, morta, para condições de ordem, organização, definição, dinamismo e vida. A morte e a destruição, como a dor, o desespero, a loucura, nada mais são do que fases de transição de um estágio para outro. (*Curso dinâmico de espiritismo*)

DIREITA E ESQUERDA NA POLÍTICA - Como uma águia em voo inclinado, com uma asa voltada para o céu e a outra para o abismo, a filosofia continua a atravessar os desfiladeiros o seu destino sem fim. Em Marx, como em Sartre, ela vai tocar com a ponta da asa esquerda a escuridão subterrânea, mas com a ponta da asa direita continua mergulhada no azul. Não se veja, porém, nesta alegoria, qualquer relação com a direita e a esquerda em política. Porque nesse terreno as duas posições geralmente se igualam como as encostas contrárias de um mesmo precipício. (*Os filósofos*)

DIRIGENTES DE SESSÕES MEDIÚNICAS - Quem não dispõe de coração limpo e cheio de amor pelos semelhantes, de uma consciência tranquila e do desejo legítimo de servir com humildade, não deve dirigir sessões mediúnicas. Essa regra é fundamental, porque os espíritos não se iludem com as aparências, percebem o fundo de nossos pensamentos e sentimentos. (*O infinito e o finito*)

DIVERSIDADE - Espírito e matéria, ensina a filosofia espírita, são os dois elementos constitutivos do universo. Sobre ambos paira o poder unificador que é Deus. Essa, diz O *livro dos espíritos*, é a trindade universal. Mas a realidade não se fecha apenas nesse tríplico, nesse esquema geral. Ela é una em essência, mas é múltipla nas suas manifestações. A lei cósmica é a da diversidade da unidade. Querer reduzir o real a um dos seus aspectos, o materialista ou o espiritualista, é simples utopia. (*Introdução à filosofia espírita*)

DIVULGAÇÃO - A divulgação do espiritismo – a mais alta conquista efetuada no planeta – deve acelerar-se e intensificar-se por todos os meios possíveis, para que não falte a nenhum dos novos comensais a parcela de luz de que necessita. (*Chico Xavier pede licença*)

DOGMA DA TRINDADE - A unicidade de Deus é tão necessária como a unicidade do homem. A esquizofrenia nos mostra o que é um homem alienado, um espírito dividido em si mesmo, incapaz de coordenar as suas faculdades e controlar os seus poderes. Um Deus partido em três, segundo o dogma da trindade, seria um Deus esquizofrênico e sua desordem divina, sua insegurança interna se refletiria no caso de um Universo absurdo. (*O centro espírita*)

DOUTRINA DE ESTUDOS - O espiritismo é uma doutrina que existe nos livros e precisa ser estudada. Trata-se, pois, não de fazer sessões, provocar fenômenos, procurar médiuns, mas de debruçar o pensamento sobre si mesmo, examinar a concepção espírita do mundo e reajustar a ela a conduta através da moral espírita. *(Introdução à filosofia espírita)*

DOUTRINA ESPÍRITA - A simplicidade da doutrina espírita é um dos seus mais belos apanágios. Longe de se enovelar em complicações teóricas em raciocínios confusos e suposições atordoantes, o espiritismo vai direto à realidade, afirmando o que é, e como é. As pessoas que gostam do contrário, que se sentem melhor na penumbra das cogitações complicadas, podem acusá-lo à vontade. *(O infinito e o finito)*

DOUTRINAÇÃO - Nenhuma atitude exorcista, na tentativa de afastar o obsessor pela força ou através de ameaças dá resultados. A doutrinação é um trabalho paciente de amor. Deve-se compreender que estamos diante de casos de reconciliação de antigos desafetos, carregados de ódio e de cumplicidade mútua em atividades negativas. Todo e qualquer elemento material que se queira empregar – passes complicados, preces insistentes e demoradas, uso de objetos ou coisas semelhantes – tudo isso só servirá para prolongar o processo obsessivo. O importante é a persuasão amorosa, o esclarecimento constante de obsedado e obsessor. *(O espírito e o tempo)*

DOUTRINAÇÃO DE ENTIDADE - A doutrinação de entidade perturbadora contagia muitas outras as despertando para o sentimento de amor e dignidade humana. Muitas pessoas entendem que o problema do vampirismo pertence aos Espíritos, não competindo aos homens cuidar desses casos. São criaturas comodistas, que só desejam participar de reuniões mediúnicas agradáveis, em que somente se manifestam Espíritos elevados. Esquecem-se de que vivemos num mundo inferior, onde o mal predomina, como vemos ainda agora, com as atrocidades espantosas deste século de transição. *(Vampirismo)*

DOUTRINAR ESPÍRITOS - A doutrinação de espíritos sofredores ou inferiores não é uma ilusão, mas uma realidade amplamente constatada. Perguntam algumas pessoas que poder possuímos para doutrinar espíritos. O poder natural que Deus concede a todos os homens que souberem cultivar a fraternidade e as boas intenções. *(O infinito e o finito)*

EDUCAÇÃO DOS FILHOS - Seria um contra senso convertermos os nossos filhos em órfãos, entregues a si mesmos, ao invés de vigiá-los, descobrir-lhes os maus pendores, corrigir-lhes as arestas morais e orientá-los para o futuro. *(Na era do espírito)*

EDUCAÇÃO ESPÍRITA - A educação espírita se torna uma exigência da civilização do espírito que já está surgindo nesta fase de transição. Se os espíritas não compreenderem isso, serão substituídos por trabalhadores da última hora, como aconteceu aos israelitas do tempo de Jesus, que continuam ainda hoje encravados no passado. *(O espírito e o tempo)*

EDUCAÇÃO MODERNA - A educação antiga era uma forma de domesticação. (...) A educação moderna, a partir de Rousseau, é uma forma de compreensão. O seu princípio básico não é a liberdade, mas a compreensão da criança como um ser em desenvolvimento. O seu objetivo não é o abandono da criança a si mesma e sim o cultivo paciente da criança, para que possa crescer sadia no corpo e no espírito. Os maus juízos sobre a nova educação provêm do seu desconhecimento pelos pais e pelos mestres; muitos dos quais não possuem aptidão para educar. *(Na era do espírito)*

EDUCAÇÃO PARA A MORTE - A educação para a morte não é nenhuma forma de preparação religiosa para a conquista do céu. É um processo educacional que tende a ajustar os educandos à realidade da vida, que não consiste apenas no viver, mas também no existir e no transcender. A vida e a morte constituem os limites da existência. *(Educação para a morte)*

EDUCAÇÃO TRANSCENDENTE - A educação espírita aparece em Kardec também no seu aspecto transcendente. Não é apenas a educação do homem pelo homem. É também a educação ministrada pelos espíritos superiores. Que bela visão desse processo educativo ele nos oferece neste trecho: "A verdadeira doutrina espírita está no ensino dos Espíritos. Os conhecimentos que esse ensino encerra são demasiado sérios para ser adquiridos sem um estudo profundo e continuado, feito no silêncio e no recolhimento." *(Pedagogia espírita)*

EMANAÇÃO DE DEUS - Concebido como inteligência finita, o homem não se apresenta no espiritismo como emanação de Deus, mas como sua criação. Se fosse emanação, seria parte do próprio Deus. Sendo criação, é obra de Deus. (...) A concepção do homem como filho de Deus, e ao mesmo tempo como sua obra, sem nenhuma explicação pretensiosa da maneira ou da técnica da criação, apresenta-se no espiritismo como provisória, com todas as características de uma teoria científica, a ser confirmada mais tarde. Há, naturalmente, um profundo mistério por trás dessa alegoria. O espiritismo está consciente disso, mas também está consciente de que não há outra maneira racional de enfrentar o mistério, senão essa. A razão demonstra ou exige um processo criador, e consequentemente uma força criadora. *(O espírito e o tempo)*

ENSINO ESPÍRITA - O ensino espírita, como todo e qualquer ensino, requer sistematização escolar. A fase sem escolas da educação espírita, como a de qualquer outra forma educacional, pertence aos primórdios do movimento espírita. E isso não se precisa mostrar aos nossos olhos. *(Pedagogia espírita)*

ENVELHECER - A vida tem as suas estações, já diziam os romanos. À semelhança do ano, ela se divide nas quatro estações da existência: a primavera da infância e da adolescência, o verão da mocidade e outono da madureza e o inverno da velhice. Mas também à semelhança dos anos, as vidas se encadeiam no processo da existência, de maneira que as estações se renovam em cada encarnação. Viver, para o individualista, é atravessar os anos de uma existência. Mas viver, para o altruísta, é atravessar as existências palingenésicas, as vidas sucessivas, em direção à sabedoria. O branquear dos cabelos não é mais do que o início das nevadas do inverno. Mas após cada inverno voltará de novo a primavera. (*O homem novo*)

EQUÍVOCO - A cultura materialista não provém do conhecimento, mas do equívoco. E a finalidade da ciência nada mais é que desfazer os equívocos para chegar à verdade. (*Educação para a morte*)

ERA PSICOLÓGICA - Estamos na era psicológica, sob o signo avançado de psi, a letra grega que designa os fenômenos parapsicológicos. Antes de 1930, os críticos do espiritismo tentavam explicar os processos mediúnicos por hipóteses psicológicas. Depois dessa data, com as pesquisas de Rhine e sua equipe, o socorro inesperado da parapsicologia forneceu novas armas aos negadores. (*Curso dinâmico de espiritismo*)

ESCALA ESPÍRITA - A escala espírita que figura em *O livro dos espíritos*, a partir do item 100, oferece-nos um esquema ontológico da evolução do homem. Não se trata, como lembra Kardec, de um esquema rígido, mas de uma simples classificação em linhas gerais, para orientação dos estudiosos. Encontramos ali as diversas ordens e graus dos Espíritos, encarnados e desencarnados, com que nos defrontamos neste mundo. É uma classificação espiritual que tem a sua aplicação psicológica no tocante aos encarnados, oferecendo-nos uma curiosa tipologia que muito nos auxiliará nas relações sociais. (*Introdução à filosofia espírita*)

ESMOLA - Há os que combatem a esmola, a doação gratuita de ajuda material aos necessitados. Querem a criação de organismos sociais capazes de modificar o panorama da miséria com recursos de ensino e encaminhamento dos infelizes a situações melhores. Isso é o ideal, e muitos centros e outras formas de instituições espíritas conseguiram fazê-lo. Mas quando escasseiam recursos e meios de se fazer isso, é justo que deixemos os pobres à míngua na sua impotência? Há misérias tão cruciantes que têm de ser atendidas agora, neste momento. Negar auxílio, nesses casos, a pretexto de que estamos sonhando com medidas melhores, é falta de caridade, comodismo disfarçado em idealismo superior. (*O centro espírita*)

ESPIRITISMO - O espiritismo é uma doutrina que abrange todo o conhecimento humano, acrescentando-lhe as dimensões espirituais que lhe faltam para a visualização da realidade total. O mundo é o seu objeto, a razão é o seu método e a mediunidade é o seu laboratório. (*Mediunidade: vida e comunicação*)

ESPIRITISMO CIENTÍFICO - A ciência espírita, ou o espiritismo científico, é uma disciplina que vem sendo elaborada por todos os que se dedicam ao estudo dos fenômenos de ordem psíquica. Não é trabalho exclusivo dos espíritas. Pelo contrário, muito contribuíram e contribuem para a sua elaboração os cientistas materialistas e de variadas convicções espiritualistas. (*O infinito e o finito*)

ESPIRITISMO E CIÊNCIA - Enquanto o espiritismo é uma forma de concepção geral do Universo e da vida, as ciências não podem abranger o conjunto. Que fazem elas, senão enfrentar os problemas concernentes ao plano existencial? Quando estamos nesse plano, encarado apenas como o da realidade física, não percebemos o outro. Aliás, a própria fragmentação da ciência, em tantas ciências quantos os campos específicos que tiveram de enfrentar, obrigou-as a buscar uma forma de reunificação no plano filosófico, com a filosofia das ciências. Não é esta, também, uma forma de volta à metafísica, embora com os dados da física? A dicotomia, como se vê, é um fantasma permanente, que nenhum exorcismo científico conseguiu afastar. (*O espírito e o tempo*)

ESPIRITISMO E CRISTIANISMO - A posição do espiritismo no mundo moderno assemelha-se bastante à do cristianismo no mundo antigo. De um lado, vemos a repulsa das religiões cristãs aos princípios espíritas, sob pretextos idênticos e no mesmo tom de agressividade com que o judaísmo repudiava os princípios cristãos. De outro lado, é a cultura mundana a repelir e condenar o espiritismo, com desprezo semelhante à cultura antiga pelo cristianismo nascente. *(O infinito e o finito)*

ESPIRITISMO E ESPIRITUALISMO - O espiritismo representa o momento em que o espiritualismo, superando as fases mágicas do seu desenvolvimento, atinge o plano da razão, define-se num esquema cartesiano de 'ideias claras e distintas'. (...) Foi, portanto, o espiritismo, como doutrina moderna e de espírito eminentemente científico, o processo de restauração do prestígio perdido do espiritualismo, diante do avanço das ciências. *(O espírito e o tempo)*

ESPIRITISMO E SALVAÇÃO - O espiritismo, doutrina livre, dinâmica, sem dogmas de fé, sem intenções exclusivistas ou pretensões salvacionistas, corresponde precisamente à fase de esclarecimento do horizonte espiritual. Por isso é que ele se apresenta como desenvolvimento natural do cristianismo, sequência inevitável do processo histórico, enfrentando o problema da salvação em termos de evolução, e procurando explicar as alegorias do passado à luz da compreensão racional. *(O espírito e o tempo)*

ESPIRITISMO HISTÓRICO - Sem o exame histórico do problema mediúnico, por exemplo, os estudantes de hoje estarão ameaçados de flutuar no abstrato. Introduzindo-se numa ordem de ideias, sem o conhecimento de suas raízes históricas, arriscam-se a confundir, como fazem os leigos, mediunismo e espiritismo, ou seja, o processo mediúnico de desenvolvimento espiritual do homem com o espiritismo. Arriscam-se, ainda mais, a aturdir-se com fatos mediúnicos rudimentares, considerando-os, por sua aparência extravagante, como novidade.

Por outro lado, dificilmente compreenderão a aparente contradição existente no fato de ser o espiritismo, ao mesmo tempo, uma doutrina moderna e um processo histórico provindo das eras mais remotas da humanidade. (*O espírito e o tempo*)

ESPIRITISMO RELIGIOSO - O espiritismo começa com a definição de Deus, no primeiro capítulo da obra básica da doutrina, e se define poderosamente, na plenitude de sua natureza religiosa, em *O evangelho segundo o espiritismo*. Negar, pois, que o espiritismo é religião, não é mais do que contrariar a evidência. (*O infinito e o finito*)

ESPIRITISMO SEM ESPÍRITO - A interpenetração dos mundos (espiritual e material) faz parte do sistema, ou seja, da organização universal, que não temos o direito de violar em favor do nosso comodismo, do nosso egoísmo e da nossa cegueira espiritual. Essa pretensão criminosa lembra a teoria do *espiritismo sem espíritos*, de Morselli, famoso diretor da Clínica de Doenças Mentais de Gênova, que, obrigado a aceitar a realidade dos fatos, escapou do aperto por esta estratégia. (*Ciência espírita e suas implicações terapêuticas*)

ESPÍRITO PERTURBADO - Nas sessões espíritas não se pretende abranger todos os espíritos necessitados – o que seria impossível – mas cuidar daqueles que estão mais ligados a nós. A doutrinação de um espírito perturbado é quase sempre o pagamento de uma dívida nossa para aquele espírito. Se o prejudicamos ontem, hoje o socorremos. E ele, socorrido, torna-se um novo assistente da grande batalha pelo esclarecimento geral. Cada espírito que conquistamos para o bem representa um novo impulso na luta, o acréscimo de mais um companheiro, um aumento do bem. Devemos sempre lembrar que o bem é contagiante. (*O centro espírita*)

ESPÍRITO-MATÉRIA - A tragédia humana decorre da contradição constitucional do homem, na dualidade espírito-matéria, que o obriga a carregar o fardo da animalidade no roteiro da angelitude. O alvo da angelitude é atingido quando o homem, vencendo todas as contradições, descobre em si mesmo o poder do espírito, fazendo-se espírito na duração, que é a imortalidade num conceito dinâmico. *(Vampirismo)*

ESPÍRITOS CURADORES - Os espíritos curadores ou terapeutas não fazem milagres, não têm o poder de violar as leis naturais. Mas conhecem melhor essas leis do que os homens e dispõem de recursos que ainda desconhecemos. Por isso Jesus advertiu que os que seguissem o seu ensino poderiam fazer os supostos milagres que ele fazia e até mais do que ele. O problema não é de mística, mas de razão e sobretudo de conhecimento. *(O espírito e o tempo)*

ESPÍRITOS SUPERIORES - As comunicações dos Espíritos Superiores são dadas no momento preciso, mesmo em meio do aparente tumulto das sessões de desobsessão. É muito agradável recebermos comunicações elevadas de Espíritos Superiores, mas só as merecemos depois de cuidarmos com atenção e abnegação dos espíritos sofredores. Quando recusamos essas oportunidades redentoras os superiores se afastam e o campo fica aberto aos mistificadores, como o sabem, muitas vezes por duras experiências próprias, os que procuram acomodar se na benção sem merecimento. *(O centro espírita)*

EXPERIÊNCIAS NEGATIVAS - Devemos ter sempre em mente que estamos na Terra para evoluir, desenvolvendo nossa capacidade de trabalho e prudência. Espíritos em evolução, se nos entregamos às pretensões de superioridade e de merecimento pessoal, os bons espíritos não interferem para não prejudicarem o nosso aprendizado. Teremos de passar pelas experiências negativas, a fim de atingir os objetivos de nossa encarnação. Podemos pedir a Deus o que quisermos, mas só receberemos aquilo de que realmente carecemos. *(O centro espírita)*

ESTUDO DO ESPIRITISMO - O espiritismo é um campo de estudos difícil e melindroso, em que não podemos descuidar um só instante da bússola da razão. Ao tratar de assuntos espíritas, estamos agindo num campo magnético em que se digladiam as forças do bem e do mal. (*Mediunidade: vida e comunicação*)

EVIDÊNCIA E OBEDIÊNCIA - Negar a existência de um poder criador e ordenador do cosmos é negar a evidência. O pecado das ciências materialistas não é o da desobediência, pois elas não podem desobedecer a Deus, mas o estúpido pecado do orgulho arrogante. Na hora individual da morte de cada um, todos se curvam para o chão em obediência a Deus. Não há ciência sem obediência. (*Educação para a morte*)

EVOCAÇÃO - Os espíritas são acusados de evocar os mortos e perturbá-los, quando o que fazem é apenas acudir os que sofrem influências maléficas. (*O infinito e o finito*)

EXISTENCIALISMO ESPÍRITA - O que chamamos de existencialismo espírita é a filosofia espírita da existência, a parte dessa filosofia que encara o homem no mundo. As filosofias da existência, à maneira do que Kardec dizia das ciências, avançam paralelas ao espiritismo até certo ponto e depois se detêm, perplexas diante do mistério. O momento em que elas se detêm é o limiar da interexistência, esse intermúndio em que 'o ser se completa na morte', mas no qual se passam também fatos da mediunidade. E nesse momento que o existencialismo se transcende a si mesmo para transformar-se em interexistencialismo. (*Introdução à filosofia espírita*)

ÊXITO FAMILIAR - O segredo do êxito do desenvolvimento familiar depende da capacidade de amar e compreender dos seus membros. Cada membro da família tem de compreender as condições temperamentais dos outros e sentir que pode amá-los, apesar de seus erros e imperfeições. Nesse caso a família perdura e atinge os seus objetivos. (*Curso dinâmico de espiritismo*)

EXORCISMO - A situação obsessiva é grandemente desfavorável para o que continua vivo na Terra, pois este se esqueceu dos males cometidos e o espírito obsessor, vingativo, lembra-se claramente de tudo. Por isso, as práticas violentas do exorcismo, judeu ou cristão, com ameaças e exprobrações negativas do obsedado, podem levar ao auge o ódio do obsessor. (*Educação para a morte*)

EXPERIÊNCIA DE DEUS - Temos a cada instante, a cada minuto, diariamente em nossa vida a 'experiência de Deus'. Porque a própria vida é, em si mesma, essa experiência. Desde o momento em que nascemos até o instante final da nossa existência estamos em relação permanente com Deus, não o Deus particular, desta ou daquela igreja, mas o Deus em espírito e matéria que se manifesta numa haste de relva, na beleza gratuita de uma flor, no brilho de uma estrela, num perfume, numa voz, numa nota musical isolada, num aperto de mão e principalmente numa ideia, num sentimento, numa aspiração que brota do anseio de transcendência da nossa alma. (*Agonia das religiões*)

EXTRATERRESTRES - A solidariedade dos mundos é uma decorrência natural da unidade e organicidade do cosmos. A concepção espírita do Universo é monista. Há na Terra muitos homens, em diversos graus de evolução que nela se encontram pela primeira vez, e nem por isso se diferenciam dos outros. O Espírito humano é um só e tem a flexibilidade necessária para conformar-se, em cada mundo, às suas exigências e ao seu tipo específico de cultura. Dessa maneira não há razão para os temores que certas pessoas revelam no tocante à possibilidade de criaturas de outros planetas invadirem a Terra. Na verdade, elas estão constantemente invadindo, como nós, os terrícolas, também invadimos outros mundos. A Humanidade é cósmica e as leis universais equilibram a sua distribuição nos diferentes mundos. (*Introdução à filosofia Espírita*)

FAMÍLIA - Nas fases de transição, como a que estamos vivendo, surgem os mais curiosos problemas. Um deles, que já vem encontrando repercussão no meio espírita (por estranho que pareça) é o desaparecimento da família. (...) Acreditam que são ideias geniais, muito pra frente, nascidas na era cósmica. A família, como todas as instituições e como todas as coisas, sofre mudanças através do tempo. (...) A família é a primeira forma de sociabilidade do novo ser que vem ao mundo. É nela que ele se adestra para a vida social. E é nela também que se processa o seu desenvolvimento afetivo, a sua evolução moral, com o rompimento do egocentrismo. (*O homem novo*)

FASCINAÇÕES - O homem é um ser religioso, traz em seu íntimo a lei de adoração, que o leva, ante os obstáculos e as ciladas de uma realidade mundial atormentada, a adorar desde as vacas e os macacos da Índia até os ídolos precários das religiões vampirescas e os charlatães que se fazem de santos e profetas gananciosos, missionários por conta própria. Só a dinâmica renovadora da consciência desperta, vigilante e ativa, capaz de integrá-lo nas suas responsabilidades pessoais e intransferíveis, poderá salvá-lo das novas fascinações nesta hora de transição para uma nova fase histórica. (*Vampirismo*)

FAZER AMOR - Fala-se muito no amor em termos convencionais. A expressão italiana 'fazer amor' propagou-se no mundo e contaminou as novas gerações. É uma expressão de baixeza repugnante, porque reduz o sentido do amor ao ato sexual e ao comércio aviltante do ser como no mercado das sensações carnais. (*Pesquisa sobre o amor*)

FAZER O BEM - O apóstolo Paulo exclamava, em Romanos, 7:24: "Não faço o bem que desejo; mas o mal que não quero, esse faço". Se a Paulo aconteceu assim, depois da visão na estrada de Damasco, não é demais que aconteça a nós, quando tentamos avançar além das nossas forças. (*A pedra e o joio*)

FÉ CEGA - O homem que crê sem indagar, sem compreender nem querer compreender, apegado a crenças que lhe impuseram através da tradição, está sujeito às mesmas dolorosas surpresas daquele que não crê. A fé pela fé é tão insegura quanto a dignidade pela dignidade. Tanto para uma como para outra, a mente humana exige uma base racional. Fé cega e dignidade cega são frágeis como peças de vidro. Ambas podem quebrar-se com a maior facilidade, ante os golpes da vida. *(O homem novo)*

FÉ E RAZÃO - O ato de crer é emotivo e antecede à razão. A fé nascida da crença é sugestiva e, portanto, emocional. Pode levar-nos à paixão e ao fanatismo, gerando os monstros sagrados dos torturadores e assassinos a serviço de Deus. *(Educação para a morte)*

FÉ ESPÍRITA I - A fé espírita, como dizia Kardec, é iluminada pela razão, mas a razão espírita, por sua vez, é iluminada pela fé, de maneira que não pode ser confundida com a razão cética. Enquanto esta é espiritualmente estéril, a razão espírita é espiritualmente fecunda, abrindo para a mente humana perspectivas cada vez mais amplas de compreensão do homem, do mundo e da vida. *(O infinito e o finito)*

FÉ ESPÍRITA II - A fé espírita é uma conquista racional. Porque o espírita não pode crer pela crença, mas deve crer pela compreensão. Dennis Bradley termina o seu famoso livro, *Rumo às estrelas*, com estas palavras: "Eu não creio, eu sei". É essa a verdadeira fé espírita, a fé racional de que falava Kardec. O espírita tem de conhecer aquilo em que crê, e saber por que crê. *(O mistério do bem e do mal)*

FELICIDADE - Deus fala ao homem através de suas leis. Estas, que são eternas, representam a presença do imutável no mutável, da eternidade na transitoriedade. O momento que passa não é uma ilha no tempo, nem um ponto no espaço, mas um fluir: o fluir da duração. Se o homem o compreender e o sentir, estará pleno de felicidade. *(O espírito e o tempo)*

FEMINISMO - O feminismo exacerbado é tão insensato como o machismo. Ambos representam posições extremas que revelam incompreensão do problema. O homem que escraviza a mulher diminui a si mesmo, e a mulher que pretende sobrepor-se ao homem nada mais faz do que aviltar-se. Quando a mulher assume na vida social uma função masculina, o seu dever não é competir com o homem, mas dar-lhe o exemplo de desempenho equilibrado dessa função que o homem, pelo seu machismo ridículo, em geral se desmanda. *(Astronautas do além)*

FENÔMENO VITAL - Os homens continuam esposando uma teoria que poderíamos chamar de organocêntrica. Para eles, só há vida em organismos materiais; a possibilidade vital está centralizada nas chamadas formas vivas. (...) Entretanto há fatos que atestam o contrário. E não está longe o dia em que esses fatos se imporão ao raciocínio científico, descentralizando-o dos chamados organismos vivos, a manifestação do fenômeno vital. *(O sentido da vida)*

FENÔMENOS - Os fenômenos sobrenaturais não podem existir fora da natureza. Se são fenômenos, pertencem à Natureza e devem oferecer condições favoráveis à investigação científica. *(Concepção existencial de Deus)*

FIAT LUX - O espiritismo define Deus como inteligência suprema, criadora, mantenedora e estruturadora do Universo. Logicamente, define o Espírito como elemento estruturador da matéria. Para estruturar a matéria dispensa no espaço, pulverizada em átomos, partículas atômicas e plasmas cósmicos, o Espírito se apossa desses elementos e os ajusta aos seus desígnios, gerando as formas das coisas e dos seres. Dessa maneira, o *fiat* da criação não foi apenas a emissão de um pensamento ou de uma palavra, mas todo um processo complexo e lento de aglutinações sucessivas, através da potência inteligente que pelo fato mesmo de ser inteligente, sabia o que fazia. Essa proposição espírita, fundada na razão, não emocionou os teólogos, que simplesmente a condenaram, no simplismo de seu autoritarismo, por sua vez baseado na suposição simplória de que Deus dava a ciência infusa da verdade absoluta. Que mixórdia, Santo Deus! *(O centro espírita)*

FICÇÃO CIENTÍFICA PARANORMAL - A novela A *viagem* abriu caminho. (...) Quem leu o livro encontrou nele muito mais do que o vídeo poderia oferecer. Dessa experiência ocasional resultou o fato histórico-literário do nascimento da ficção científica paranormal com possibilidades imprevisíveis para o futuro. *O túnel das almas* e *Metrô para o outro mundo* são dois romances sequentes em que esse novo gênero – o romance paranormal – se firma em nossa ficção literária como os marcos iniciais de uma forma de ficção resultante de uma realidade nova, a realidade multidimensional, dando-lhe a transparência necessária a uma visão real e científica da era cósmica. Essa realidade se funda nos fatos comprovados pelas pesquisas científicas no mundo. *(Túnel das almas)*

FIDELIDADE A DEUS - De nada valem os rituais pomposos que só nos lembram as épocas de falso esplendor dos homens que se diziam ungidos e coroados por Deus. De nada vale a leitura dos livros sagrados para a nossa salvação pessoal, ajeitando-nos comodamente no carro particular dos eleitos. Deus não quer a fidelidade forçada dos filhos que ele criou para a herança divina através das experiências de vida. *(Agonia das religiões)*

FILHOS DE DEUS - Não somos os herdeiros do diabo, esse pobre anjo decaído das lendas piedosas, que nos lança na impiedade. Somos filhos e herdeiros de Deus, a consciência criadora que não nos edificou para a hipocrisia, mas para a verdade, a justiça e o amor. *(Educação para a morte)*

FILOSOFIA - Pode parecer absurdo querermos tratar de uma possível origem de Deus. A mente perquiridora do homem não se conforma com o mistério. Se a ciência não dispõe de recursos para a investigação nesse plano, e se a teologia só fez aumentar o mistério através de sistematizações sectárias, só resta a cogitação filosófica para oferecer à inquietação humana o consolo de uma proposição racional. *(Concepção existencial de Deus)*

FILOSOFIA DA EDUCAÇÃO - A inquietação atual do pensamento pedagógico, a procura de uma filosofia da educação que realmente corresponda às exigências do mundo em transformação, resulta não só do fato mesmo dessa transformação, como também da falta de unidade, ou pelo menos de uma confluência de vistas a respeito dos problemas a serem postos em equação. *(Pedagogia espírita)*

FILOSOFIA ESPÍRITA - A filosofia espírita, como disse Kardec, pertence genericamente ao que costumamos chamar filosofia espiritualista, porque a sua visão do Universo não se prende à matéria, mas vai até o espírito, que considera como causa de tudo o que percebemos no plano material. Englobando na sua interpretação cosmológica a ciência espírita, e tendo como consequência a religião espírita, a filosofia espírita encerra em si mesma toda a doutrina. *(O infinito e o finito)*

FILOSOFIAS ESPIRITUALISTAS - Os estudos de religiões comparadas são praticamente formais, e as filosofias espiritualistas, mesmo a de Bergson, que lança maior quantidade de luz sobre o assunto, param no momento exato em que mais deviam avançar. O espiritismo, combinando a razão e a intuição, a observação objetiva e a subjetiva, os métodos de pesquisa e observação da ciência e os métodos próprios de indagação espírita, abrange na sua concepção todo o panorama do fenômeno religioso. *(O homem novo)*

FLUIDO UNIVERSAL - A comunicação é uma categoria filosófica do espiritismo que tem amplitude cósmica. Vemos em *O livro dos espíritos* que o fluido universal é o veículo do pensamento, assim como o ar é o veículo da palavra. O homem pode comunicar-se às maiores distâncias. Daí a validade da prece, que é forma de comunicação. As experiências atuais de telepatia à distância confirmaram essa tese espírita, a ponto de levarem os cientistas soviéticos, materialistas, a se empenharem nas pesquisas telepáticas. (*Introdução à filosofia espírita*)

FLUIDOS - Os elaboradores e divulgadores de técnicas do passe não sabem o que fazem. A técnica do passe não pertence a nós, mas exclusivamente aos Espíritos superiores. Só eles conhecem a situação real do paciente, as possibilidades de ajudá-lo em face de seus compromissos nas provas, a natureza dos fluidos de que o paciente necessita e assim por diante. Os médiuns vivem a vida terrena e estão condicionados na encarnação que merecem e de que necessitam. Nada sabem da natureza dos fluidos, da maneira apropriada e eficaz de aplicá-los, dos efeitos diversos que eles podem causar. Na verdade o médium só tem uma percepção vaga, geralmente epidérmica dos fluidos. É simples atrevimento – e, portanto, charlatanismo – querer manipulá-los e distribuí-los a seu modo e a seu critério. (*A obsessão, o passe e a doutrinação*)

FORMAÇÃO DO HOMEM NOVO - A educação espírita se impõe como exigência dos tempos. Só ela poderá orientar os espíritos para a formação do homem novo, consciente de sua natureza e de seu destino, bem como de pertencer à humanidade cósmica e não aos exíguos limites da humanidade terrena. (*Pedagogia espírita*)

FORMAÇÃO DOUTRINÁRIA - Sem a formação doutrinária, não teremos um movimento espírita coeso e coerente. E, sem coesão e coerência, não teremos espiritismo. Essa a razão por que os espíritos superiores confiaram às mãos de Kardec o pesado trabalho da codificação. Kardec teve de arcar, sozinho, com a execução dessa obra gigantesca. Porque só ele estava em condições de realizá-la. (*O mistério do bem e do mal*)

FORMALISMO - A sessão [mediúnica] é uma simples reunião de pessoas de boa vontade, em nome de Deus, sem nenhum aparato nem vestes especiais, uma reunião mental. O que vale para os espíritos é o pensamento, a intenção e o sentimento dos homens. Nenhum ingrediente ou objeto material tem efeito sobre os espíritos. Nenhuma fórmula de palavras ou de gestos tem significação. Nenhuma maneira de colocar as mãos sobre a mesa ou de postura especial na mesa tem qualquer valor. Todo formalismo é inútil e torna ridícula a sessão espírita, que deve ser séria e natural. *(O infinito e o finito)*

FREUD - Quando Kardec descobriu as manifestações do inconsciente, através de suas pesquisas sobre os fenômenos anímicos, Freud tinha apenas um ano de idade. Isso não desmerece Freud, que não conhecia as pesquisas de Kardec, mas nos prova a segurança das pesquisas espíritas do psiquismo humano. A concepção espírita da vida humana na Terra não é imaginária, mas real, baseada em pesquisas científicas. *(A obsessão, o passe e a doutrinação)*

FUGA - A prova de que o homem sabe, intuitivamente, que a morte não é o fim do seu ser, da sua personalidade e nem mesmo da sua existência, está na procura desesperada dos meios de fuga a que se entrega de ouvidos fechados a todas as advertências. Ele não quer morrer, mesmo quando se atira do décimo andar de um edifício sobre a calçada. Quer apenas fugir, escapar de qualquer maneira à pressão de um mundo que nada mais lhe oferece do que opressão, crimes, atrocidades de toda a espécie. *(Educação para a morte)*

FUNÇÃO DA CASA ESPÍRITA - Se os espíritas soubessem o que é o centro espírita, quais são realmente sua função e a sua significação, o espiritismo seria hoje o mais importante movimento cultural e espiritual da Terra. *(O centro espírita)*

GENOCÍDIO - Deus não nos pune, não nos castiga, pois seu objetivo é a evolução, o desenvolvimento de todas as nossas potencialidades divinas. Mas leis – que são todas as leis naturais e não apenas as leis morais da consciência – constituem-se de ação e reação, que muito bem conhecemos. Conscientemente, portanto, nos castigamos a nós mesmos, desencadeando, com nossas ações inconscientes as inconscientes, reações das coisas e dos seres. Se não acordamos a tempo desse delírio, recorrendo à razão para encontrarmos novos caminhos, seremos levados à loucura e ao genocídio. (...) A Humanidade será asfixiada em seus próprios abusos. *(Vampirismo)*

GINÁSTICA EXISTENCIAL - Nascemos para viver a vida e precisamos vivê-la sem apego às coisas do mundo, mas sem rejeição ao mundo, que é obra de Deus. Esse difícil equilíbrio é o objetivo da nossa ginástica existencial. *(Agonia das religiões)*

GOVERNOS - Só as criaturas desprovidas do mínimo senso comum não perceberão que a era cósmica também marca o advento da era espírita. Não são os governos do mundo, mas as leis de Deus que determinam esses progressos inevitáveis. Os homens tratam desses problemas pensando no aumento dos seus poderes, mas as leis naturais servem ao poder de Deus. *(Vampirismo)*

GRAÇA - O conceito religioso da fé como graça especial, concedida por Deus aos crentes de uma determinada religião, pertence ao passado. Esse conceito equivale a uma interpretação profundamente injusta da justiça divina. A fé é um dom, sem dúvida, mas a doação de Deus é sempre universal, nunca se processa na medida estreita dos homens. Deus é o criador e nós somos as suas criaturas. Isso quer dizer que Deus é pai e nós somos os seus filhos. Como poderia o pai supremo, que é fonte de todo o amor, de toda a misericórdia, conceder apenas a alguns dos seus filhos o dom fundamental da fé, sem o qual o homem não poderia se elevar a ele? *(O homem novo)*

GUERRAS - Quantas instituições milenares foram reduzidas a pó? Milhares! Tudo passa e a vida continua triunfante seu curso evolutivo. O espiritismo nos ensina que esta hora do mundo é como a das trevas que precedem o alvorecer. Mas é preciso estudá-lo para bem compreender o que se passa. Uma leitura atenta de *O evangelho segundo o espiritismo* e um estudo sério de *O livro dos espíritos* nos deixarão tranquilos nesta hora de agitações, de guerras e rumores de guerras. (*O infinito e o finito*)

HEREDITARIEDADE - Duas linhas de hereditariedade estão presentes no embrião: a hereditariedade genética e a hereditariedade psíquica. A primeira vem dos genes paterno e materno, a segunda vem do próprio espírito, do ser espiritual que se reencarna, das experiências, acertos e erros do passado. (*Concepção existencial de Deus*)

HIPNOTISMO - Kardec, antes de investigar os fenômenos espíritas, durante mais de trinta anos estudou e praticou o magnetismo. Quando a Academia de Ciências da França reconheceu o hipnotismo e suas possíveis aplicações médicas, Kardec escreveu na *Revista Espírita* que o magnetismo, tão repudiado pelos cientistas, mudara de nome e conseguira entrar na Academia pela janela. Agora é a reencarnação, postulado espírita tão repudiado como o magnetismo, que está entrando nas academias pela mesma janela aberta pelo hipnotismo. (*O homem novo*)

HIPOCRISIA - O ponto crucial do problema religioso chama-se hipocrisia. E a hipocrisia resulta das atitudes egoístas, da falta de compreensão do verdadeiro sentido da religião, que é caminho e não ponto de chegada da espiritualização do homem. (*Agonia das religiões*)

HOMEM NO MUNDO - O homem no mundo é um espírito em evolução. Bom ou mau, virtuoso ou criminoso, pecador ou santo, ele está 'agora' e 'aqui' para desenvolver-se, para realizar-se. Qual o tipo humano ou divino que lhe pode servir de exemplo? O item 625 responde: "Vede Jesus", e Kardec explica: "Jesus é para o homem o tipo da perfeição moral a que pode aspirar a humanidade na Terra." Por que Jesus e não Buda? Porque o primeiro ensina ao homem viver plenamente no 'aqui' e no 'agora', enfrentar o mundo em vez de fugir a ele, realizar-se no presente em vez de protelar a realização enclausurando-se e furtando-se às experiências da vida. O homem está no mundo para vivê-lo. É a lei. Só através dessa vivência ele atingirá Deus. Fugir ao mundo para refugiar-se na ilusão contemplativa é desertar da batalha necessária. (*O espírito e o tempo*)

HOMEM NOVO - O verdadeiro espírita, conhecedor dos princípios sublimes da sua doutrina, é um jardineiro do amor, segundo o poema imortal de Tagore. Dia a dia, ele trabalha os canteiros do seu coração, da sua sensibilidade e da sua inteligência, removendo a terra, extraindo as ervas daninhas e semeando a boa semente das flores evangélicas. Não basta acreditar na sobrevivência e participar de sessões ou ouvir palestras. Kardec assinalou que se conhece o verdadeiro espírita pela sua transformação moral. (*O mistério do bem e do mal*)

HOMEM-MÁQUINA - A vida perde o seu sentido, a sua significação, a sua razão de ser, quando o homem se afasta da compreensão espiritual, buscando no mundo material a única explicação das coisas. O chamado homem prático dos nossos dias, inteiramente imerso nos problemas imediatos, funciona como uma máquina. (*O homem novo*)

HORA H DO ESPIRITISMO - Esta é a hora H do espiritismo. Ou ele se firmará como um processo cultural legítimo, ou será asfixiado pela avalancha de sandices que sobre ele despejam, sem cessar, os pretensiosos irresponsáveis, missionários por conta própria, elaboradores de doutrinas individuais e ridículas, sugeridas pelas mentes sombrias que desejam ridicularizar a doutrina. (*O mistério do bem e do mal*)

HORIZONTE ESPIRITUAL - Jesus assinala o aparecimento do horizonte espiritual, marcando o início de um novo ciclo histórico no Ocidente. Com o seu ensino, amplamente divulgado e aceito, as grandes concepções do passado, limitadas a pequenos círculos de iniciados ou eleitos, modelam uma nova mentalidade coletiva. O Deus-Pai de Jesus transcende o Deus-Familiar de Abrão, Isaac e Jacó, supera a natureza tutelar dessa concepção judaica. Por isso, o Deus evangélico não é guerreiro, mas amoroso e justo; não faz discriminações, não exige culto externo, não quer intermediários. *(O espírito e o tempo)*

EVOLUÇÃO NATURAL - Quando não sabemos enxergar as linhas da evolução, em seu desenvolvimento natural, enxergamos apenas as aparentes contradições das coisas. Assim como a ideia de Deus evolui com os homens, desde a litolatria até as formas mitológicas, e destas à concepção espiritual que hoje aceitamos, assim também os princípios e os postulados bíblicos vão atingir sua verdadeira expressão nos Evangelhos, e por fim sua espiritualização no espiritismo. *(O espírito e o tempo)*

IDEIA DE DEUS - Não se pode ter uma experiência artificial de Deus em alguns minutos ou algumas horas de meditação. Essa experiência é natural – e de natureza vital –, faz parte integrante da vida e da existência humana. (...) A ideia de Deus no homem é a marca do obreiro na sua obra. – Descartes. *(Agonia das religiões)*

IGREJAS - O tempo das igrejas está chegando ao fim, como chegou o dos mistérios na antiguidade. Elas foram necessárias e tanto serviram como desserviram à humanidade, revelando sua estrutura imperfeita como a de todas as obras humanas. Em vão se arrogaram investiduras divinas. A mente humana se abre hoje para novas dimensões e as igrejas não têm condições para acompanhá-la nesse avanço. *(Agonia das religiões)*

IMAGEM E SEMELHANÇA DE DEUS - A criação do homem à imagem e semelhança de Deus explica-se em termos espirituais.

Porque o homem é o único ser terreno que possui mente criadora, pensamento produtivo e contínuo, psiquismo refinado e complexo, capacidade de percepção e de intuição que lhe permitem penetrar na essência das coisas, ultrapassando a aparência ilusória. (*Agonia das religiões*)

IMORALIDADE - O simples fato de ministrarmos educação específica aos filhos de abastados, relegando as demais crianças e jovens aos azares da sorte é uma imoralidade que atenta contra o princípio do amor, fundamental na educação. (*Educação para a morte*)

INFECÇÃO - Não só no plano psicológico verificam-se as obsessões, mas também na patologia geral. Sintomas de doenças infecciosas são transmitidos por entidades espirituais enfermiças a pessoas sãs. Para fazer a distinção, adotou-se no espiritismo o termo infestação para designar essas doenças fantasmas, que tanto podem ser de origem anímica como espírita. (*A obsessão, o passe e a doutrinação*)

INFINITO E FINITO - Deus é o espírito infinito, o criador. Nós somos as criaturas, espíritos finitos. A ideia de Deus nos dá a perspectiva do Infinito. A ideia do homem nos mostra a estreiteza do finito. O Infinito é aquilo que não podemos conceber, pois a nossa mente finita não pode abrangê-lo. Deus é o ser dos seres e tudo abrange na sua onisciência e na sua onipotência. (*O infinito e o finito*)

INIMIGO - O processo de amar o inimigo não pode ser imediato, mas progressivo, segundo a prudência dos selvagens no trato com os novos e ainda desconhecidos companheiros que chegam à tribo 'vestidos com a roupagem da inocência', segundo a expressão kardeciana. O que importa, no caso, não é o milagre da conversão do inimigo em amigo, mas o despertar, no homem, da compreensão verdadeira do amor. (*Educação para a morte*)

INSENSATEZ - Quem se atreve a dizer: "A morte não importa, o que importa é a vida", não sabe o que diz, fala com insensatez. Mas também os que só pensam na morte e se descuidam da vida são insensatos. *(Educação para a morte)*

INTERCONEXÃO - Tudo é importante e significativo no caleidoscópio universal. Cada ação, sentimento, pensamento e anseio das criaturas humanas pesa na balança de todos os destinos. E isso se comprova diariamente na vida particular e na vida coletiva dos homens. Não vivemos por viver, mas para existir na transcendência. *(Curso dinâmico de espiritismo)*

INTERESSES - Não há dúvida que estamos num período de transição violenta, em que os valores humanos deixaram praticamente de existir. Vale mais um avião de bombardeio, um satélite de espionagem, um segredo de Estado do que o direito de um homem defender a sua ideologia ou o direito de uma população de milhões de indivíduos viver e trabalhar em paz, em oposição a interesses internacionais considerados de importância fundamental para a segurança de uma potência. O velho adágio: "Vão-se os anéis e fiquem os dedos" foi invertido para uma fórmula mais pragmática: "Vão-se os dedos, mas fiquem os anéis". *(Os sonhos de liberdade)*

INTERFERÊNCIA DOS ESPÍRITOS - Só os cientistas retrógrados, apegados a teorias e princípios superados, ainda rejeitam a realidade comprovada em pesquisas de laboratório. Os espíritos atuam sobre todas as criaturas humanas e em numerosos casos de maneira prejudicial, causando doenças e perturbações psíquicas. *(O infinito e o finito)*

IRRESPONSABILIDADE - A leviandade humana, essa herança no homem da irresponsabilidade animal, leva os pensadores e os cientistas à formulação de hipóteses e teses absurdas sobre uma realidade que não conhecem. Proliferam as sabedorias vazias, os doutores pontificam nas cátedras e nos púlpitos fazendo afirmações temerárias que só servem para aumentar a insegurança e a angústia do homem nas sociedades formalizadas. *(Educação para a morte)*

IRRITAÇÃO - A obsessão é um estado de sintonia da sua mente com mentes desequilibradas. Corte essa sintonia ligando-se a pensamentos bons e alegres. Repila as ideias más. Compreenda que você nasceu para ser bom e normal. As más ideias e os maus pendores existem para você vencê-los, nunca para se entregar. Mude sua maneira de encarar os semelhantes. Na essência, somos todos iguais. Se ele está irritado, não entre na irritação dele. Ajude-o a se reequilibrar, tratando-o com bondade. A irritação é sintonia de obsessão. *(A obsessão, o passe e a doutrinação)*

ISOLAMENTO - O espiritismo é um processo de integração do homem no mundo e não de fuga. Todas as formas de isolamento social e de segregação religiosa são (...) resíduos do sectarismo religioso, alimentados em várias encarnações. *(Na era do espírito)*

JEAN-PAUL SARTRE - Ninguém melhor, talvez, para centralizar uma visão panorâmica da filosofia atual do que Jean-Paul Sartre. Esse escritor polimorfo e admirável, que tanto esplende no romance, quanto no teatro e na filosofia (...) é o tipo acabado do intelectual contemporâneo. Carrega em si mesmo a grandeza e a miséria do nosso tempo: o esplendor intelectual e o tumulto moral. *(Os filósofos)*

JEOVÁ - Jeová ou Iavé, o Deus de Israel, era o espírito guia do povo hebreu. Para os povos antigos, os espíritos eram deuses, e o Deus de cada povo era a divindade suprema. Esse o motivo por que Jeová se apresentava ao seu povo como se fosse o próprio Deus único. E como se apresentava ele? Através da mediunidade, ensinando aos homens rudes do tempo as verdades espirituais que deveriam frutificar no futuro. *(Visão espírita da Bíblia)*

JESUS - A figura evangélica de Jesus é recortada em traços fortes e viris. Sua coragem de encarnar-se na Terra para enfrentar os poderes do mundo como homem, sua audácia na condenação dos poderosos do tempo, sem recorrer a sofismas, sua bravura ao entregar-se para o sacrifício da cruz para ensinar aos homens a glória de morrer pela Verdade – são lições que devemos aprender, se quisermos nos fazer dignos de segui-lo. *(O centro espírita)*

JESUS NO HORTO - O seu brado final na cruz: "Meu Deus, por que me desamparastes?" revela a sua condição humana na hora da agonia, quando as forças do corpo falecem e o espírito fraqueja. Ele se mantinha nessa condição, negando-se a diferenciar-se dos outros, da espécie humana a que se ligara. *(Revisão do cristianismo)*

JUNG - A intervenção de Carl Jung – se assim podemos dizer – nos debates parapsicológicos foi antes de natureza filosófica do que psicológica. Não quis ele negar a validade das pesquisas, mas a validade da interpretação. Jung entendeu que os fenômenos psi, não estando sujeitos aos limites de tempo e espaço, são de natureza transcendente, não comportando nenhum enquadramento nas categorias lógicas de causa e efeito. *(Parapsicologia hoje e amanhã)*

JÚPITER - Na *Revista Espírita*, Kardec publicou curiosas comunicações de Espíritos sobre a vida nesse planeta [Júpiter] e um desenho mediúnico recebido pelo teatrólogo Victorien Sardou, que era médium. Essas informações mediúnicas, como Kardec advertia, devem ser recebidas com reserva, pois estão condicionadas pela capacidade do espírito comunicante e do médium receptor, além de outras limitações. Servem, porém, para nos dar uma ideia aproximada da vida em outros mundos. *(O homem novo)*

JUVENTUDE ESPÍRITA - A juventude sempre foi inquieta, inconformada, sonhadora. Graças a ela o mundo se renova. Mas jamais houve tanta inquietação juvenil como hoje. Porque o mundo passa por uma fase de transição evolutiva, como sabemos, e as novas gerações não vieram para se acomodar, mas para buscar novos caminhos. É claro que a juventude espírita não poderia ficar à margem desse processo. Ela também se inquieta. (*O infinito e o finito*)

KANT - Kant errou ao negar a possibilidade da ciência no transcendente, onde a Razão não penetraria. A história da ciência provou aos nossos olhos o contrário, mostrando-nos que o Universo é Razão. (*Vampirismo*)

KARDEC CIENTISTA - Kardec completou a ciência com a sua contribuição espantosa. Fez, praticamente sozinho, no campo do espírito, e em apenas quinze anos de trabalho, o que milhares de equipes de cientistas, no campo da matéria, realizaram através de pelo menos três séculos. (*A pedra e o joio*)

LEGITIMIDADE DO ESPIRITISMO - Hoje o avanço das ciências e da filosofia confirma de maneira inegável e impressionante a legitimidade da doutrina espírita. As descobertas mais recentes da parapsicologia, da física e da biologia nada mais fazem do que comprovar a verdade dos princípios espíritas, sem que os investigadores tivessem essa intenção. Até mesmo quando pensam haver negado o espiritismo, os investigadores, sem o saber, o estão comprovando. Isso prova a solidez da obra de Kardec. (*A pedra e o joio*)

LEI DE ADORAÇÃO - A fé humana do vendedor que confia em si mesmo, a fé científica do sábio que confia na ordem universal, a fé mística do crente que confia no seu santo ou no seu Deus são todas manifestações de uma mesma lei, que é estudada em *O livro dos espíritos* como 'lei de adoração'. Essa lei universal levou Pierre Gaspar Chaumette a entronizar a bailarina Candeille no altar da Catedral de Notre Dame como a deusa Razão; fez o filósofo positivista Augusto Comte cair de joelhos ante a deusa Clotilde de Vaux; obrigou Marx e

Engels a proclamarem a classe operária como o Messias da redenção socialista; e só encontrou, apesar de tudo isso, na filosofia espírita a sua análise, a sua crítica e a sua explicação racional. *(Introdução à filosofia espírita)*

LEIS DO ESPÍRITO - Sem o desenvolvimento das ciências materiais, o conhecimento das leis gerais da matéria, o homem não estaria em condições de enfrentar a investigação das leis gerais do espírito. *(Os três caminhos de Hécate)*

LIBERTAÇÃO - Se libertarmos uma vítima da obsessão na Terra, libertamos outra no mundo espiritual que nos cerca. Essa multiplicação se processa num crescendo, atingindo progressivamente a centenas de pessoas e espíritos. *(O centro espírita)*

LIQUIDAÇÃO RELIGIOSA - Se quisermos salvar a religião, nesse maremoto das transformações que afligem os passadistas, façamos urgentemente a liquidação das religiões em agonia e mandemos os seus artigos de fé, seus ícones e suas medalhas para o museu do homem, como simples testemunhos de um tempo morto. Tudo isso é aflitivo para os espíritos rotineiros e acomodatícios, como a mensagem cristã era escândalo para os judeus e espanto para gregos e romanos. *(Agonia das religiões)*

LITERATURA DE FICÇÃO - A literatura de ficção não se destina apenas a entreter os leitores, a provocar o prazer estético ou fornecer enredos emocionantes ao cinema, ao rádio e à televisão. Seu objetivo é muito mais elevado. O romance, a novela e o conto apresentam-se hoje como instrumentos de pesquisa da realidade em que vivemos e da própria realidade humana, a serviço da integração do homem nas múltiplas dimensões do cosmo. *(Túnel das almas)*

LIVRES DO FARDO - Os homens são espíritos e os espíritos nada mais são do que homens libertos das injunções da matéria. Nós carregamos um fardo, eles já o alijaram de suas costas. *(Educação para a morte)*

LÓGICA - Um cidadão ilustrado, diplomado e doutorado, que aceita ao mesmo tempo os dogmas absurdos de uma igreja e os princípios racionais da ciência mostra desconhecer o princípio de contradição, da lógica, em que duas coisas não podem ser, ao mesmo tempo e no mesmo sentido, ambas verdadeiras. (*Educação para a morte*)

MACUMBAS - Não se deixe atrair por macumbas e as diversas formas de mistura de religiões africanas com as nossas crendices nacionais. Não pense que alguém lhe pode tirar a obsessão com as mãos. (...) Não carregue amuletos nem patuás ou colares milagrosos. Tudo isso não passa de superstições provindas de religiões das selvas. Você não é selvagem, é uma criatura civilizada capaz de raciocinar e só admitir a fé racional. Estude o espiritismo e não se deixe levar por tolices. (*A obsessão, o passe e a doutrinação*)

MAGIA - Quem conhece o espiritismo sabe que todo interesse pessoal, particular, é rigorosamente condenado. Adivinhações, agouros, feitiçaria, encantamentos, consultar interesseiras, são práticas de magia antiga, que Moisés condenou, como o espiritismo condena hoje. (*Visão espírita da Bíblia*)

MANIFESTAÇÕES MEDIÚNICAS - A criatura humana é um espírito encarnado para desenvolver, na existência terrena, as suas potencialidades, os seus poderes naturais. Os espíritos propriamente ditos são criaturas humanas desencarnadas. O corpo carnal não impede as relações mentais e psíquicas entre os homens e os espíritos. A manifestação mediúnica é um ato de relação. (*O infinito e o finito*)

MARCAS DO ESPIRITISMO - As antecipações religiosas e filosóficas do espiritismo se estendem ao longo de todo o passado humano. Kardec referiu-se a Sócrates e Platão como a uma poderosa fonte histórica. (...) Lembra as ligações do espiritismo com os mistérios mitológicos dos gregos, as religiões do Egito e da

Índia, e particularmente com o druidismo celta, nas Gálias. Por toda parte, em todas as épocas, como acentua o codificador, "encontramos as marcas do espiritismo". *(O espírito e o tempo)*

MARTE - No tocante à condição evolutiva de Marte, se é inferior ou superior à Terra, é questão que o espiritismo não resolve doutrinariamente. Kardec refere-se a teorias transmitidas por certos espíritos e que ele considerava lógicas, aceitáveis. Mas, sempre acentuou que não passavam de teorias e acrescentou que o espiritismo não deve ir além dos seus objetivos, que são espirituais e não materiais. *(O mistério do bem e do mal)*

MATÉRIA - Conhecem os materialistas tudo o que se relaciona com o fascinante problema da matéria; das suas relações com forças desconhecidas; das suas propriedades; da sua natureza real? Estamos, e eles também o estão, absolutamente certos de que não. Então, como pretendermos colocar, na mesma mesa da ciência materialista, servindo-nos dos seus instrumentos rudimentares, ainda em elaboração, o problema espiritual? Se ela é impotente para dizer tudo a respeito da matéria, como querermos que o diga a respeito do espírito? O mais certo, o mais prudente, é admitirmos a explicação de Kardec: "O espiritismo não é da alçada da ciência". Sê-lo-á mais tarde. Mas, para tanto, a ciência precisa concluir a sua tarefa no terreno material, o que ainda está longe de fazer. *(A pedra e o joio)*

MATERIALISTAS - Se os materialistas pudessem ser filósofos, não se importariam com a solidão da morte, pois se nela tudo se acaba, não pode haver solidão. E é também por isso que não pode haver uma filosofia materialista. A essência da filosofia é a liberdade, e o seu objeto é ela mesma. A filosofia é a captação livre da realidade que nos dá uma livre concepção do mundo. O materialista não é livre, pois está preso à ideia fixa de que tudo é matéria. *(Educação para a morte)*

MEDITAÇÕES - Não adianta buscarmos a Deus em longas meditações, recusando o caminho que ele mesmo nos deu para irmos ao seu encontro: o da vida honesta e cheia de amor e compreensão para todos os nossos companheiros da existência terrena. A Terra é a nave celeste que Deus nos deu para alcançarmos as muitas moradas da casa do Pai. (*Agonia das religiões*)

MÉDIUM ADULADO - O médium adulado, louvado a todo instante, cercado de admiradores como um cantor popular, artista de novela de TV ou jogador de futebol, acaba perdendo a sua naturalidade, recorrendo a expedientes ridículos para conservar o seu prestígio e geralmente chega em falência ao fim da sua missão. Os exemplos são muitos e dolorosos, no mundo inteiro. Essa situação constrangedora coloca o espiritismo em pé de igualdade com as religiões formalistas, deturpandolhe a imagem real. Médiuns, expositores e escritores espíritas não são luminares nem santos, mas criaturas falíveis que podem também cair a qualquer instante de seus falsos pedestais. (*O centro espírita*)

MEDIUNIDADE POSITIVA - Os espíritos não falavam a Kardec por meio de visões ou de outras formas místicas de revelação. Quando dizemos que os espíritos superiores ajudaram Kardec a elaborar *O livro dos espíritos*, os chamados 'homens cultos' costumam torcer o nariz, lembrando que também a Bíblia, os Evangelhos e o Alcorão foram ditados por Deus ou por espíritos. Acontece, porém, que as antigas escrituras pertencem às fases do mediunismo empírico, enquanto a codificação espírita pertence à fase da mediunidade positiva. (*O espírito e o tempo*)

MÉDIUNS DE CURA - Um médium que se julga capaz de curar por si mesmo é um ignorante ou inconsciente, que facilmente se transforma num charlatão ambicioso, tomador de dinheiro do próximo. Como Kardec advertia, dois fatores garantem a faculdade curadora real de um médium: a sua humildade e o seu desinteresse. Se ele for orgulhoso, convencido de sua eficiência e cobra o seu trabalho mediúnico, direta ou indiretamente, devemos simplesmente ignorá-lo e fugir dele. (...) As manobras de envolvimento dos mistificadores são sutis e envolvem ao mesmo tempo o médium vaidoso, os dirigentes sem conhecimento doutrinário e bom senso e os pacientes que se entregam cegamente a experiências perigosas, fiados numa fé supersticiosa e cega. *(O centro espírita)*

MEDO DA MORTE I - Todos sabemos que morremos, que a morte é inevitável, mas estamos tão apegados à vida e fazemos uma ideia tão negativa e temerosa da morte, que a rejeitamos em nossa consciência e a transformamos num mito, afastando-a para o fim dos tempos.(...) Temos de nos familiarizar com a morte, considerando-a com naturalidade, não a transformando em tragédia ou em espetáculos inúteis de desespero. *(Educação para a morte)*

MEDO DA MORTE II - O terror da morte e dos mortos, provindo das mais remotas civilizações, e a introjeção desse terror num processo de quase dois milênios, no espírito europeu, perdura até hoje em nossa cultura e responde pela maior parte das aversões ao espiritismo. *(Evolução espiritual do homem na perspectiva da doutrina espírita)*

MESSIAS E PROFETAS - Até mesmo pessoas analfabetas, quando aprendem a lidar grosseiramente com a mediunidade, julgam-se mestres infalíveis. E, criaturas dotadas de diplomas universitários, tornam-se seguidores de messias broncos, profetas incultos, que usam sem temor o atrevimento da ignorância para atacar e criticar os que lutam em defesa da doutrina. *(O mistério do bem e do mal)*

MESTRADO ESPÍRITA - Dedique-se ao estudo, mas não queira saltar de aprendiz a mestre, pois o mestrado em espiritismo só se realiza no plano espiritual. Na Terra somos todos aprendizes, com maior ou menor grau de conhecimento e experiência. *(A obsessão, o passe e a doutrinação)*

MESTRES - Os que realmente estudam e compreendem a doutrina sentem-se humildes diante da sua grandeza e não pretendem passar por mestres. São colegas mais aplicados que apenas se esforçam para ajudar os companheiros de escola no aprendizado necessário. (*O mistério do bem e do mal*)

METADES - No Amor, o homem busca a sua metade feminina e a mulher a sua metade masculina. Se não predominar esse critério dos opostos não se completa a unidade biológica e espiritual que sustenta a espécie humana. Esta desapareceria na corrupção, como todas as coisas cujas funções se aniquilam na deformação e no desperdício. (*Pesquisa sobre o amor*)

MICRÓBIOS - Kardec, muito antes de Pasteur, descobriu o mundo invisível dos espíritos e revelou a ação que os mesmos exerciam sobre a saúde humana. Foi mais fácil provar cientificamente a existência dos micróbios do que a dos espíritos, cujas provas irrefutáveis foram rejeitadas pela ciência. (*O infinito e o finito*)

MILAGRE DA CRIAÇÃO - Criados e semeados no Universo, como as semeaduras no campo, os espíritos germinam na carne e crescem na vida. Deus fez o homem do barro da Terra. Formou-se nas entranhas da matéria e soprou-lhe nas ventas o sopro da vida. Essa imagem bíblica reflete o milagre da criação. O sopro é o espírito, a *ruach* hebraica, o *pneuma* grego, o *spiritus* latino. Esse espírito é um só em todos os homens, mas cada homem é a sua manifestação particular. (*O infinito e o finito*)

MILAGRES - A ideia comodista de que Deus faz e nós desfrutamos ou suportamos não tem lugar no espiritismo. Pelo contrário, neste se sabe que o fazer de Deus no mundo humano se realiza através dos homens capazes de captar a sua vontade e executá-la. Não há milagres nem ações mágicas na Natureza, onde a vontade de Deus se cumpre através dos Espíritos, desde o controle das formações atômicas até o crescimento dos vegetais. (*O espírito e o tempo*)

MISERICÓRDIA - Todos precisamos de misericórdia, mas a misericórdia, como Deus nos mostra em sua lei de ação e reação, não é a aprovação de erros e ilusões – e sim a correção e o esclarecimento. *(Astronautas do além)*

MISTICISMO - O conhecimento desses processos históricos [da evolução espiritual do Homem] é indispensável ao espírita, para imunizá-lo contra as deturpações místicas ou supersticiosas da doutrina, tão comuns num mundo que, apesar de se orgulhar do seu progresso científico, ainda não se libertou de sua pesada herança mitológica. *(O espírito e o tempo)*

MISTICISMO ERÓTICO - O misticismo-erótico foi a peste espiritual da Idade Média e continua ainda hoje a fazer as suas vítimas. Mística e erotismo formam um terrível complexo de terror, prazer, angústia e culpa, com todas as variações emotivas e desequilíbrios sensoriais da personalidade psiconeurótica. Torna-se uma espécie de tóxico-alucinógeno de um extremo poder de viciação. *(Pesquisa sobre o amor)*

MISTIFICAÇÃO - O médium que trabalha isoladamente, ou num centro único, pode estar sob a ação de um mistificador, que varia suas vibrações para modificar a maneira de sentir do médium; deste jeito, apresenta-se com linguagem diversa e vários nomes, para que um disfarce confirme e prestigie o outro. *(O verbo e a carne – duas análises do roustainguismo)*

MORAL ESPÍRITA - A filosofia espírita desemboca, assim, na moral espírita, que não é outra senão a própria moral evangélica, racionalmente explicada, inteiramente desembaraçada das interpretações teológicas e místicas. Essa moral não é apenas individual, mas também coletiva. O bem reinará sobre a Terra, afirma o item 1019 de *O livro dos espíritos*. *(O espírito e o tempo)*

MORRER - Preparar para a vida é educar para a morte. Porque a vida é uma espera constante da morte. Todos sabemos que temos de morrer e que a morte pode sobrevir a qualquer instante. Essa certeza absoluta e irrevogável não pode ser colocada à margem da vida. *(Educação para a morte)*

MORTE NÃO EXISTE - A morte é um fenômeno natural, de natureza biológica, no qual se verifica o esgotamento da vitalidade nos seres pela velhice ou por acidentes fisiológicos. Não atinge a essência do ser, que é sempre de natureza espiritual, referindo-se apenas ao corpo material, o que vale dizer que ela não existe como extinção das formas de ser das plantas, dos animais e dos homens. (...) Os que insistem na destruição total do homem pela morte revelam ignorância do avanço das ciências em nossos dias. *(Educação para a morte)*

MORTE - Só o espiritismo, até hoje, entre todas as doutrinas filosóficas, religiosas e científicas, pesquisou objetivamente o fenômeno da morte e pode esclarecê-lo. (...) Os que quiserem saber o que é a morte, como ela se processa e o que ela representa para o homem não têm outro caminho a seguir senão estudar o espiritismo. E isso não custa muito, pois o espiritismo nem sequer exige que os que o estudam se tornem espíritas. *(O homem novo)*

MORTE DE DEUS - A teoria da Morte de Deus, que [os teólogos] procuram inutilmente explicar como um acontecimento atual, do nosso tempo, nunca se verificou e nem pode verificar-se. Deus não é mortal, porque é o ser absoluto, o Bem, segundo Platão, a ideia suprema de que derivam todas as ideias e, portanto, todas as coisas e todos os seres. Os teólogos da chamada teologia radical da morte de Deus, e seus companheiros de outros ramos teológicos subsequentes, sofrem de um processo de alucinação por transferência. Quem está morrendo não é Deus; são eles mesmos e suas teologias, eles e as religiões formalistas e dogmáticas. *(Agonia das religiões)*

MORTOS E VIVOS - Enganam-se os que pensam nos mortos como mortos. Eles estão mais vivos do que nós; dispõem de visão mais penetrante que a nossa, são criaturas mais definidas do que nós, e podem ver-nos, visitar-nos e comunicar-se conosco com mais facilidade e naturalidade. *(Educação para a morte)*

MOVIMENTO ESPÍRITA - A grande batalha do espiritismo contra os preconceitos tem de ser travada, portanto, em primeiro lugar, dentro do próprio movimento espírita. Antes de se defender contra a reação natural do mundo moderno aos seus princípios renovadores, o espiritismo precisa enfrentar essa defesa no âmbito interno do movimento doutrinário, procurando elevar os seus adeptos à verdadeira compreensão da doutrina. *(O infinito e o finito)*

MUNDO MATERIALISTA - Engels era o defensor de uma nova teoria nascente, a da interpretação materialista do mundo, sendo justo que assim reagisse, diante da teoria que surgia para combater a sua, a da interpretação espiritualista racional, científica e não empírica. Engels defendia a sua posição por amor à verdade, e nesse sentido, embora não crendo em Deus, ele o amava, através de seu atributo 'verdade'. *(O sentido da vida)*

NASCIMENTO DE JESUS - O que importa aos espíritas, no Natal, não é a celebração de um fato histórico cronologicamente assentado, mas a evocação de um acontecimento histórico da mais alta significação espiritual para a humanidade terrena. Se Jesus nasceu em Nazaré, como o indica Marcos, ou em Belém, como o dizem Mateus e Lucas, e se esse nascimento ocorreu em 6 de janeiro ou 25 de dezembro, isso pouco importa. O que importa é que ele tenha nascido, vivido e pregado entre os homens, mas principalmente que nos tenha deixado uma doutrina capaz de reformar o mundo, como realmente o reformou e continuará reformando. *(O mistério do bem e do mal)*

NASCIMENTO E MORTE - Nascimento e morte são fenômenos naturais da vida, que não devemos confundir com desgraça ou castigo. Só os homens matam para vingar-se ou cobrar dívidas afetivas. Deus não mata, cria. *(Educação para a morte)*

NATAL ESPÍRITA - O Natal espírita não se reveste de formalidades exteriores, mas não deixa de considerar o sentido espiritual do grande evento cristão. *(O infinito e o finito)*

NATUREZA - Faltou às ciências do planeta a humildade necessária para compreenderem que, até agora, só se haviam preocupado com o aspecto sensível da Natureza (em termos platônicos), esquecendo-se do aspecto inteligível ou espiritual. Toda a realidade se constitui de espírito e matéria, e o espírito é o elemento estruturador da matéria. *(Educação para a morte)*

NAVES INTERPLANETÁRIAS - As distâncias espaciais, como antigamente as distâncias entre os continentes na Terra, só podem ser vencidas por criaturas que tenham alcançado elevado grau de evolução. As naves interplanetárias que chegarem à Terra só podem ser tripuladas por criaturas de uma civilização superior à nossa. É o nosso primarismo que nos leva a imaginar invasões interplanetárias destruidoras. À proporção que superamos os nossos conflitos na Terra nos tornaremos mais aptos a compreender a harmonia do Universo, a unidade espiritual das criaturas e a solidariedade dos mundos. *(Introdução à filosofia espírita)*

NECESSIDADE SOCIAL - A doutrinação dos espíritos sofredores, inferiores ou obsessores é uma necessidade de ordem social. Porque esses espíritos, por sua própria condição inferior, vivem ao nosso lado, ainda apegados ao plano terreno em que vivemos, e exercem influências perturbadoras no meio social. *(O infinito e o finito)*

NORMAS DE KARDEC - Usar do bom senso é o primeiro preceito da normativa de Kardec.

Examinar com rigor a linguagem dos Espíritos comunicantes, submetê-los a testes de bom senso e conhecimento, verificar a relação de realidade dos conceitos por eles enunciados (...), enquadrar os seus ensinos e revelações no contexto cultural da época, verificando o alcance abusivo ou não das afirmações mais audaciosas – eis os elementos que temos de observar no trato da mediunidade, se não quisermos cair em situações difíceis, a que fatalmente nos levariam espíritos imaginosos ou pseudossábios. E ao lado disso submeter tudo quanto possível à comprovação experimental, à pesquisa. Bem sabemos que tudo isso requer espírito metódico, um fundo básico de conhecimentos gerais, capacidade normal de discernimento, superação da curiosidade doentia, controle rigoroso da ambição e da vaidade, equilíbrio do raciocínio, maturidade intelectual, critério científico de observação e pesquisa e firme decisão de não se deixar levar pelas aparências, aprofundando sempre o exame de todos os aspectos dos problemas e das circunstâncias. Sim, tudo isso é difícil, mas sem isso não faremos ciência e sem ciência não teremos espiritismo. Se alguém notar que não dispõe dessas qualidades deve reconhecer-se inábil para a investigação espírita. É melhor aceitar com humildade as próprias limitações do que aventurar-se a realizações impossíveis. (*A pedra e o joio*)

NOVA CIVILIZAÇÃO - Quem conhece um pouco de geologia sabe que já fomos um mundo primitivo, sem vida. Quem conhece um pouco de história e de antropologia sabe que já fomos uma humanidade animalesca, selvagem, evoluindo para as civilizações agrárias e avançando depois, lenta e penosamente, até os nossos dias. E quem enxergar um palmo adiante do nariz está vendo que damos agora um salto para uma nova civilização. (*O infinito e o finito*)

NOVA ERA - A revelação espírita, ou a Terceira Revelação, como sequência natural e necessária das duas anteriores, a de Moisés e a do Cristo, tem por fim estabelecer na Terra uma nova era. O espiritismo se apresenta, assim, como o alicerce sobre o qual se erguerá o edifício da nova civilização terrena. *(O infinito e o finito)*

NOVO GÊNERO LITERÁRIO - Somente através da conjugação de lançamento de ensaio e ficção poderemos acertar o nosso passo com os novos tempos. De um lado, o esclarecimento objetivo, baseado em dados históricos, científicos e filosóficos, da tumultuada problemática atual. De outro lado, a representação viva e excitante da nova dinâmica social e cultural do nosso tempo. *(O túnel das almas)*

O LIVRO DOS ESPÍRITOS - *O livro dos espíritos* não é apenas um repositório de informações a serviço da didática espírita. É também um manual de aperfeiçoamento humano que culmina na sua última parte, dedicada às leis morais. É, pois, um manual de educação integral oferecido à Humanidade para sua formação moral e espiritual na escola da Terra. (...) O espiritismo, como nos ensinou Kardec, é uma questão de essência e não de forma, de fundo e não de superfície. Temos que remodelar o mundo a partir de seus fundamentos. *(Pedagogia espírita)*

O MAIOR MANDAMENTO - O mandamento central dos Evangelhos, e por isso mesmo o mais complexo e o mais difícil, é o de amar ao próximo como a nós mesmos e a Deus sobre todas as coisas. Amar ao próximo não parece muito difícil, mas amá-lo como a nós mesmos é quase uma temeridade. *(Educação para a morte)*

OBJETIVO DA VIDA - O objetivo da vida humana não é mais a conquista do céu pela violência, mas a implantação do reino de Deus na Terra. As riquezas e o poder não são coisas desejáveis e invejáveis, mas fascinações perigosas que podem levar a criatura humana à perdição. *(Pedagogia espírita)*

OBRA DE KARDEC - A obra de Kardec é a bússola em que podemos confiar. Ela é a pedra de toque que podemos usar para aferir a legitimidade ou não das pedras aparentemente preciosas que os garimpeiros de novidades nos querem vender. Essa obra repousa na experiência de Kardec e na sabedoria do Espírito da Verdade. Se não confiamos nela é melhor abandonarmos o espiritismo. *(Mediunidade: vida e comunicação)*

OBSESSOR - A condição do obsessor no plano espiritual, alimentando o ódio que levou da Terra, é também de responsabilidade do obsedado que não soube perdoar e pedir perdão. *(Educação para a morte)*

OBSTÁCULOS - É bastante conhecida a frase de Sartre: os outros são o inferno". Mas André Luiz propõe o contrário: "Os outros são céu". Quando compreendemos bem a necessidade da vida social, aprendemos que os obstáculos são os degraus de uma escada que temos de subir. Esses obstáculos estão precisamente nos outros, porque são os outros que nos negam as facilidades que desejamos obter. *(Diálogo dos vivos)*

OPINIÃO - O preconceito antiespírita assemelha-se muito à prevenção contra o cristianismo, no mundo antigo. As pessoas que temem o espiritismo não conhecem a doutrina, dão ao termo aplicações indevidas, perdem-se num cipoal de lendas e suposições a respeito das sessões espíritas. (...) Pitágoras já dizia que a Terra é a morada da opinião. E como a opinião é a coisa mais frívola que existe, a mais incerta e a mais irresponsável, não é de admirar que tanta gente opine sobre o que não conhece. *(O homem novo)*

OPINIÕES PESSOAIS - Sem Kardec não há espiritismo, há apenas mediunismo desorientado, formas do sincretismo religioso afro-brasileiro, confusões determinadas por teorias pessoais de pretensos mestres. Dirigentes, auxiliares e frequentadores de um centro espírita bem organizado sabem que a obra de Kardec é um monumento científico, filosófico e religioso de estrutura dinâmica, não estática, mas cujo desenvolvimento exige estudos e pesquisas do maior rigor metodológico, realizadas com humanidade, bom senso, respeito à doutrina e condições culturais superiores. Opiniões pessoais, palpites de pessoas pretensiosas, livros mediúnicos ou não de conteúdo mistificador, cheios de absurdos ridículos – seja o autor quem for – não têm nenhum valor para um verdadeiro centro espírita. (*O centro espírita*)

OPINIÁTICA - Certas pessoas opiniáticas, muito ciosas de si mesmas, costumam dizer que Deus não existe porque ninguém pôde provar a sua existência. A própria ciência ensina que a causa se prova pelo efeito. Basta-nos olhar uma flor ou um grão de areia para sabermos que Deus precisa existir, que existe necessariamente. (*Agonia das religiões*)

ORADORES ESPÍRITAS - É imprescindível que os oradores e conferencistas espíritas procurem insistir nesse ponto, mostrando aos adeptos a grandeza da doutrina, a fim de que ela não continue a se confundir com as formações sectárias. Não interessa ao espiritismo a luta religiosa. O que interessa é o alargamento da compreensão religiosa do homem, a superação do sectarismo. (*O infinito e o finito*)

ORDEM - Os que lutam pelo bem e pela ordem, pela preservação dos grandes princípios morais que dignificam a vida humana, pela cultura e a beleza, pela bondade e a fraternidade acabarão vencendo. "Os pacíficos herdarão a Terra", como ensinou Jesus. (*O infinito e o finito*)

PAIXÃO - A paixão, que não é excesso de amor, mas desequilíbrio da afetividade proveniente da retenção de resíduos da animalidade, pela inércia estática nos porões do Ser, leva aos crimes absurdos do assassinato 'por amor'. Nas personalidades bem estruturadas o ciúme e o amor-próprio nunca levam os indivíduos a essa monstruosidade contraditória. O

Amor é força criadora e não destruidora, cria, ampara, perdoa, nunca mata. *(Pesquisa sobre o amor)*

PALAVRA DE DEUS - As religiões formalistas dão à palavra um caráter divino e consideram os textos religiosos como 'a palavra de Deus'. Mas é evidente que Deus, o Ser Absoluto, não necessita dos meios relativos de comunicação de que necessitamos. No espiritismo considera-se a linguagem dos seres superiores como apenas mental. Os espíritos falam por telepatia. A linguagem telepática é a do pensamento puro que costumamos traduzir em palavras. *(Agonia das religiões)*

PALESTINA, FRANÇA E GRÉCIA - Em *O evangelho segundo o espiritismo* [Kardec] considerou Sócrates e Platão como precursores das ideias cristãs, restabelecendo as ligações espirituais entre a Palestina do tempo de Jesus à França e à Grécia antiga. São essas as três fontes de cultura espírita. *(O Mistério do ser ante a dor e a morte)*

PANORAMA POLÍTICO - O problema da liberdade e do respeito aos direitos humanos é suficiente para nos mostrar o atraso doloroso e vergonhoso do panorama político. Na verdade, não se trata de um retrocesso histórico, mas da simples reincidência de males antigos, em forma aguda, num organismo em decadência. *(Os sonhos de liberdade)*

PASSE - Os passes têm por finalidade a transmissão de fluidos, de energias vitais e espirituais para fortificar a sua resistência. Não confie em passes de gesticulação excessiva e outras fantasias. O passe é simplesmente a imposição das mãos, ensinada por Jesus e praticada por ele. É uma doação humilde e não uma encenação, dança ou ginástica. *(A obsessão, o passe e a doutrinação)*

PASSIVIDADE - O espiritismo não é uma doutrina de passividade contemplativa. Sua finalidade, como os espíritos superiores disseram a Kardec, é revolucionar o mundo inteiro, modificando-o para melhor. A essência cristã do espiritismo reflete as atitudes vigorosas do Cristo em luta com as estruturas asfixiantes do mundo antigo. O espírita verdadeiro é um construtor do futuro. Cabe-lhe o dever inalienável de estudar a doutrina, aprofundar-se no seu conhecimento, difundi-la com vigor e confiança para que a sua luz solar afugente as trevas de um passado contraditório de lamúrias, imprecações e louvores subservientes a Deus, como se Deus fosse um tirano injusto à espera dos nossos rapapés para nos conceder a sua proteção. (*O centro espírita*)

PAULO - Na primeira epístola aos coríntios, o apóstolo Paulo ensina como se faz uma sessão espírita, porque as comunicações dos Espíritos constituíam a base das práticas religiosas dos primitivos cristãos. (*O infinito e o finito*)

PAULO E ESTEVÃO - *Paulo e Estevão* é uma obra que justificaria, sozinha, a existência e o apostolado mediúnico de Chico Xavier, na atualidade. Mas, não é livre para ser lido como romance, com interesse apenas pelos lances românticos do enredo. É livro para ser estudado, para ser lido e meditado. Na bibliografia mediúnica mundial talvez não exista nenhum livro de maior importância do que esse. (*O mistério do bem e do mal*)

PECADO MORTAL - Quem não educa, não ajuda ninguém a viver e morrer. Isso equivale a dizer: Quem não distribui educação, em pé de igualdade, para todos, trai os objetivos existenciais do homem e da Humanidade. Por outro lado, o comércio puro e simples da educação, mantido apenas com finalidade financeira, constitui-se num pecado ético muito mais grave do que o pecado mortal das igrejas. (*Educação para a morte*)

PEDAGOGIA - A pedagogia propriamente dita só aparece depois do desenvolvimento da educação. Porque a pedagogia é o estudo, a pesquisa, a reflexão sobre o processo educacional. (*Pedagogia espírita*)

PERIGOS - Por mais atilados e dedicados que sejam os cientistas, se não tiverem conhecimento das leis fundamentais que regem o planeta e condicionam a Humanidade, não podem penetrar nas causas dos males e problemas que enfrentam. É questão pacífica que a falta de conhecimento preciso e amplo do meio em que estamos nos deixa entregues a perigos que não podemos prever. (*Educação para a morte*)

PERSONALISMO - O espiritismo nos ensina que nos completamos uns aos outros pelas nossas diferenças. Mas se diferimos nos acessórios, concordamos sempre no essencial. Por isso mesmo a caridade, que é o amor em ação, deve eliminar as arestas do nosso personalismo. Ensinando-nos que todos somos importantes na busca e na conquista da verdade. (*Astronautas do além*)

PERTURBAÇÕES - São muitos os casos de perturbações mentais, de obsessões perigosas, de lamentáveis desequilíbrios psíquicos decorrentes de exageradas pretensões das criaturas humanas no campo das práticas religiosas. A história das religiões é marcada por terríveis experiências nesse sentido. Basta lembrarmos os casos de perturbações coletivas em conventos e mosteiros da Idade Média. (*Agonia das religiões*)

PESQUISAS PSICOLÓGICAS - A estratégia de Kardec era perfeita e dera os resultados por ele previstos. Limitando-se às pesquisas psicológicas e deixando aos físicos, químicos, fisiologistas e especialistas em mecânica (como William Crawford, que descobriu e provou a mecânica do ectoplasma) os fenômenos de materialização, ele fechara a questão científica do espiritismo de maneira decisiva. (*Evolução espiritual do homem na perspectiva da doutrina espírita*)

PITÁGORAS - Pitágoras não era apenas filósofo, no sentido que hoje atribuímos ao termo, mas num sentido mais amplo, de verdadeiro 'amante da sabedoria'. Partindo dos números, chegava ao conhecimento das artes, através da harmonia. Tanto aprofundava os segredos da matemática, quanto os da música e da poesia. Não obstante, fiel às tradições órficas, que aprendera de Ferécides, buscava antes a poesia da alma que a do corpo. Embora fosse o mais belo dos homens, ensinava que o corpo só vale como reflexo da alma imortal. *(Os filósofos)*

PLATÃO - O espiritismo, no seu aspecto filosófico, enquadra-se rigorosamente na tradição filosófica. É uma filosofia do espírito, que parte da essência espiritual para explicar a existência material. Por isso, Kardec citou Platão como precursor do espiritismo: o mito da caverna, da filosofia platônica, é uma alegoria espírita, mostrando a natureza efêmera e irreal da matéria, em face da brilhante realidade espiritual. *(O espírito e o tempo)*

PODER DAS MÃOS - O passe nasceu nas civilizações da selva como um elemento de magia selvagem, um rito das crenças primitivas. A agilidade das mãos em fazer e desfazer as coisas sugeria a existência nelas de poderes misteriosos, praticamente comprovados pelas ações cotidianas da fricção que acalmava a dor, da pressão dos dedos estancando o sangue ou expulsando um espinho ou o ferrão de uma vespa ou o veneno de uma cobra. Os poderes mágicos das mãos se confirmavam também nas imprecações aos deuses, que eram simplesmente os espíritos. As bênçãos e as maldições foram as primeiras manifestações típicas dos passes. Os deuses o auxiliavam, socorriam, instruíam em suas manifestações mediúnicas naturais. A sensibilidade mediúnica aprimorava-se nas criaturas mais sensíveis e assim surgiram os pajés, os feiticeiros, os xamãs, os mágicos terapeutas, curadores. *(A obsessão, o passe e a doutrinação)*

POLÍTICA - A função política do espiritismo existe, mas noutro sentido. Não lhe cabe nenhum lugar nas disputas de cargos políticos, mas lhe cabe a formação espiritual dos homens para que exerçam, como cidadãos, influência benéfica na solução dos problemas políticos, através do bom senso e da retidão da consciência, quando levado pelas circunstâncias, chamado ou convocado para funções administrativas em áreas do Estado. O seu esforço para o aperfeiçoamento das estruturas políticas, o seu exemplo de respeito a todos que agem nessa área, o desinteresse puro que demonstrar no exercício de suas funções, sacrificando-se pelo bem público não constituem, nesses casos, mistura de interesses materiais com objetivos espirituais. Para bem entendermos isso devemos lembrar que o Cristo nunca exerceu nenhuma função política, nunca pretendeu assumir posições políticas, recusou-se até mesmo nas lutas pela libertação de Israel dominada pelos romanos (questão que os judeus consideravam como sagrada, pois misturavam as coisas do céu com as da Terra), mas apesar de sua total abstinência política conseguiu injetar nas estruturas políticas do mundo a seiva divina da orientação evangélica. *(O centro espírita)*

POLÍTICOS ESPÍRITAS - No exercício de funções jornalísticas vimos diversos espíritas de nome cercados de esperanças falirem na luta política, desservindo às ideias que desejavam servir. Perderam a parada para si mesmos e saíram da luta mutilados. Por isso entendemos que o espírita só deve entrar na política quando convocado para funções ou posições que não possa recusar, porque então disporá do amparo de sua independência, de seu desinteresse pela carreira e de sua disposição para superar as fascinações traiçoeiras do meio. Quando consegue manter-se nessa rara posição, presta realmente serviços à causa pública a aos ideais, pagando por esse heroísmo o preço de profundas desilusões. *(O centro espírita)*

POTENCIALIDADES PSÍQUICAS - Por que e para quê vivemos? A resposta a esta pergunta é de importância para compreendermos o problema da obsessão. Segundo o espiritismo, vivemos para desenvolver as potencialidades psíquicas de que todos somos dotados. Nossa existência terrena tem por fim a transcendência, ou seja, a superação constante da nossa condição humana. Desde o nascimento até o nosso último dia passamos pelas experiências que desenvolvem as nossas aptidões inatas, em todos os sentidos. (A obsessão, o passe e a doutrinação)

PRECE I - A prece nos ajuda estabelecer a nossa sintonia com os espíritos benevolentes, mas se deixarmos de lado o bom senso e a perspicácia, se não nos mantivermos em vigilância, esperando tudo do céu e não usando o nosso discernimento, só a experiência, por mais dura que seja, poderá corrigir-nos. (O centro espírita)

PRECE II - A prece espontânea brota das profundezas do ser com a naturalidade de uma flor que desabrocha. Não é um ato da vontade, mas um aflorar do espírito. Não é uma ficha arrancada do arquivo da memória, mas um impulso do coração. (Curso dinâmico de espiritismo)

PRECURSORES - Descartes foi o precursor de Kardec, como João Batista o foi do Cristo. Temos, assim, uma curiosa correlação histórica entre o advento do cristianismo e o advento do espiritismo, que se completa em numerosos outros aspectos. (Agonia das religiões)

PRERROGATIVAS DIVINAS - O centro espírita significa uma fortaleza espiritual da grande batalha para o restabelecimento da verdade cristã na Terra. Mas tudo isso deve ser encarado de maneira racional e não mística (...). Ninguém está ali investido de prerrogativas divinas, mas apenas de obrigações humanas. (O centro espírita)

PRETENSÃO - A pretensão humana não tem limites e cada indivíduo pretensioso está sempre assessorado por entidades mistificadoras. (O centro espírita)

PRINCIPIANTES - Há um pequeno livro de Kardec que muitos dirigentes desprezam, limitando-se a aconselhar a sua leitura aos leigos e principiantes. É exatamente *O principiante espírita*. Esse livrinho é precioso orientador doutrinário, que os dirigentes devem ler sempre. *(O infinito e o finito)*

PRINCÍPIOS - Há mais serenidade no homem que defende com entusiasmo e calor os seus princípios do que no indivíduo falacioso, que procura serenamente as suas evasivas. É mais sereno o murro de uma verdade na mesa do que o palavreado untuoso da mentira na boca de um santo de artifício. *(O ser e a serenidade)*

PRINCÍPIOS ESPÍRITAS - O espiritismo realizou o toque da verdade na cultura humana, tocou nos pontos essenciais da comprovação da realidade universal pelo homem. Seus princípios fundamentais são realmente inabaláveis, mas estão sujeitos a desenvolvimentos que se darão de acordo com a evolução do homem, que progride sem cessar e aumenta constantemente a sua capacidade de compreender melhor a natureza humana, o mundo e a vida. *(A pedra e o joio)*

PROCESSO HISTÓRICO - Rejeitado pela cultura dominante, como fora Cristo em se tempo, Kardec enfrentou os poderes da época e proclamou o advento da era espírita. Elaborou os seus fundamentos, apoiado nas bases tríplices da ciência, da filosofia e da religião. A filosofia espírita definiu-se como o fulcro de um novo ciclo da evolução humana. Não se trata de um fato ocasional ou isolado, mas do resultado de todo o processo histórico do pensamento, ou da razão, como queria Hegel, em seu desenrolar na temporalidade. *(Introdução à filosofia espírita)*

PROPAGAÇÃO DO ESPIRITISMO - O espiritismo não é sustentado por nenhuma organização material, nem difundido por qualquer sistema artificial de propaganda. Ele é como um fogo, que se propaga por si mesmo, através da espontânea dedicação dos seus adeptos. Assim foi o cristianismo dos primeiros tempos, e assim é o espiritismo, esta Renascença cristã, segundo a expressão de Emmanuel. *(O homem novo)*

PROSELITISMO - O espiritismo não é proselitista, não entra na disputa sectária de adeptos das religiões, mas devem os espíritas, necessariamente, interessar-se pelos que se interessam pela doutrina. Esclarecer e orientar sempre é dever espírita. *(O centro espírita)*

PROVAS - Os espiritistas provaram e provam, a todo momento, o que afirmam. Os seus adversários se limitam a argumentar. *(O infinito e o finito)*

PSEUDOSSÁBIOS - As pessoas que, dotadas de uma certa cultura, entusiasmam-se hoje com as possibilidades da época, e pretendem reformar a obra de Kardec, refundi-la, ou mesmo substituí-la por suas elucubrações pessoais ou por instruções particulares que recebem de espíritos pseudossábios, deviam meditar um pouco sobre a grandeza daquele momento em que o Espírito da Verdade se revelou ao professor Rivail. O que então se cumpria era uma promessa do Cristo, através de todo um imenso processo de amadurecimento espiritual do homem terreno. Kardec era apenas o instrumento necessário (...). De outro lado, o Espírito da Verdade não se dizia o detentor exclusivo da Verdade, nem o Revelador Espiritual, mas o orientador dos trabalhos de toda a falange do consolador. *(O espírito e o tempo)*

PSIQUIATRIA - O espiritismo não pretende opor-se a psiquiatria nem negar as suas conquistas e das psicoterapias em geral, mas é evidente que oferece a esse campo de terapêutica especializada novas perspectivas de pesquisa etiológica e de cura, comprovadas cientificamente. Revela aos psicoterapeutas a face oculta da realidade psicopatológica, como os astronautas revelam aos astrônomos a face oculta da Lua. Os métodos espíritas de tratamento provaram a sua eficácia e continuam a prová-la diariamente em todo o mundo. O espiritismo oferece à psiquiatria uma contribuição teórica e prática completa, que ela não pode rejeitar baseada em pressupostos e preconceitos de um passado largamente superado. (*Curso dinâmico de espiritismo*)

RAZÃO - A Razão é a nossa bússola. Sem ela poderemos cair de novo no misticismo medieval ou resvalar pela vala comum dos céticos, que são os mortos-vivos ou aparentemente vivos. A busca da verdade, do bem e da ordem, da justiça e do belo é uma determinação do espírito supremo a que não podemos fugir. (*Vampirismo*)

REENCARNAÇÃO I - Uma pessoa normal compreende que o problema da sobrevivência do homem após a morte e o da sua volta à existência através da reencarnação não são resquícios de um passado supersticioso ou de religiosismo ilógico, portanto, fanático, mas são, pelo contrário, problemas científicos do nosso tempo. Não se trata de crer nisto ou naquilo, de pertencer a esta ou àquela religião, mas de equacionar a questão espiritual em termos racionais para poder chegar a uma conclusão real. (*Educação para a morte*)

REENCARNAÇÃO II - Jesus lembra a Nicodemos que ele era mestre em Israel, porque os judeus, como ensina Kardec, admitiam a reencarnação, com o nome de ressurreição. Ao mesmo tempo, Jesus lembra que, ao tratar da reencarnação, não está falando de coisas celestiais incompreensíveis para o homem apegado à Terra, mais de fatos que diariamente se repetem na face da Terra. (*Os três caminhos de Hécate*)

REINO DE DEUS - Não se apresse nem se iluda, pois o reino não vem por sinais exteriores; precisamos construí-lo paciente e corajosamente no coração dos homens, pelo nosso exemplo. Amor, desapego e pureza são os instrumentos de construção do reino de Deus na Terra. (*O reino*)

REFÚGIO - O centro espírita é o refúgio das almas, encarnadas e desencarnadas. Substitui no presente os templos do passado, onde as pompas terrenas estimulavam as almas frágeis, sugerindo-lhes o amparo das potências celestes. A riqueza dos templos, o fulgor das luzes nos altares, os paramentos do sacerdote, os vitrais coloridos e a música sagrada reboando nas naves agiam ao mesmo tempo como anestésicos das angústias terrenas e excitantes das esperanças celestes. *(O centro espírita)*

RELAÇÃO ESPÍRITO-CORPO - A psicologia da relação espírito-corpo terá de mergulhar nos processos endógenos da formação do ser, muito além dos passeios turísticos pela epiderme humana e das experiências com ratos no labirinto. *(Relação espírito-corpo)*

RELACIONAMENTOS - O meio natural de evolução, para o homem e para todas as coisas e todos os seres é a 'relação'. Se nos afastamos do relacionamento social e cultural para nos elevarmos, estamos nos colocando em posição errada e tomando um caminho ilusório. *(Agonia das religiões)*

RELAÇÕES FAMILIAIS - As relações familiais têm uma finalidade essencial: a formação das novas condições emocionais das criaturas reencarnadas para uma nova existência. Como ensina o espiritismo, as famílias terrenas são apenas reflexos das famílias espirituais. Nem jovens nem velhos espíritas podem aceitar essas tolices do século, a menos que não conheçam a sua própria doutrina ou não aceitem os seus princípios. *(O homem novo)*

RELATIVIDADE - A certeza, em nosso mundo, nunca pode ser absoluta. É também relativa, mas corresponde ao máximo possível de exatidão. Esse máximo é indispensável em todo o campo do conhecimento. Não poderíamos ficar no terreno das hipóteses inverificáveis ao tratar de assuntos tão graves como a origem do homem, sua natureza íntima e seu destino no sistema cósmico. *(Agonia das religiões)*

RELIGIÃO ESPÍRITA I - A religião espírita apresenta aspectos inteiramente diversos dos que estamos habituados a ver nas demais religiões. É por isso que, insistentemente, deparamo-nos com a afirmação de que o espiritismo não é religião. Basta, porém, perguntarmos quais os elementos que realmente caracterizam a religião, para verificarmos que a doutrina espírita os contém em profundidade, e não apenas em superfície, como acontece com numerosas seitas. A religião espírita se diferencia das demais, mas nem por isso deixa de ser religião. Negar ao espiritismo o seu caráter religioso é não compreendê-lo ou simplesmente combatê-lo. *(O infinito e o finito)*

RELIGIÃO ESPÍRITA II - Kardec recusou-se a falar em religião espírita, sustentando que o espiritismo é doutrina científica e filosófica, de consequências morais. Mas deu a essas consequências enorme importância, ao considerar o espiritismo como desenvolvimento histórico do cristianismo, destinado a restabelecer a verdade dos princípios cristãos, deformados pelo processo natural de sincretismo religioso que originou as igrejas cristãs. *(Agonia das religiões)*

RELIGIÃO ESPIRITUAL - O anúncio de Jesus à mulher samaritana, de que chegaria o tempo em que os verdadeiros adoradores de Deus o adorariam 'em espírito e verdade', e a promessa do consolador, constante do Evangelho de João – simples sanções evangélicas às referências do Velho Testamento a uma era espiritual – oferecem confirmação escriturística à evidência histórica. A 'religião espiritual' é a meta que será fatalmente atingida pelo desenvolvimento do cristianismo, através do espiritismo. *(O espírito e o tempo)*

RELIGIÃO NAS ESCOLAS - Reconhecemos que a religião corresponde a uma exigência natural da condição humana, e que pertence de maneira irrevogável ao campo do conhecimento, devemos reconduzi-la à escola, mas desprovida da roupagem imprópria do sectarismo. Temos de introduzir nos currículos escolares, em todos os graus de ensino, a disciplina religião ao lado da ciência e da filosofia. *(Pedagogia espírita)*

RELIGIÕES - O grande erro das religiões é apresentar Deus como enigma insolúvel e exigir que o amemos de todo o coração e todo o entendimento. Essa colocação contraditória levou-as a um absurdo ainda maior, o de transformar Deus num tirano sádico que nos criou para submeter-nos à tortura e à perdição. *(Concepção existencial de Deus)*

RENOVAÇÃO RELIGIOSA - A religião tenta superar o fanatismo e o pragmatismo sectário que a haviam desfigurado. Ventos novos estão soprando na atmosfera poluída do planeta e devemos esperar que a renovem, afastando e extinguindo os elementos da poluição. *(Pedagogia espírita)*

RESIGNAÇÃO ESPÍRITA - Uma das acusações que se fazem ao espiritismo é a de levar o homem ao conformismo. "Os espíritas se conformam com tudo – escrevem-nos –, e dessa maneira acabarão impedindo o progresso, criando entre nós um clima de marasmo, favorável às tiranias políticas do Oriente. A ideia da reencarnação é o caldo de cultura do despotismo, pois as massas crentes se entregam a qualquer jugo." Muitos confundem a resignação espírita com o conformismo religioso. (...) A resignação espírita decorre não de uma sujeição místico-religiosa a forças incontroláveis, mas de uma compreensão do problema da vida. Quando o espírita se resigna, não está se submetendo pelo medo, mas apenas aceitando uma realidade à qual terá de sujeitar, exatamente para superá-la, para vencê-la. *(O homem novo)*

RESISTÊNCIA - O cientista dogmático, inflexível em suas exigências metodológicas, representa hoje a resistência do convencional às novas descobertas que surgem de todos os lados em todas as ciências. Esse cientista aparece como um barqueiro encravado num banco de areia sobre um fluxo de um rio. Mais hoje, mais amanhã, o banco se desfará e ele será atirado nos desafios do futuro como um imprudente. *(Vampirismo)*

RESSURREIÇÃO - A ressurreição de Jesus, que é hoje celebrada no mundo cristão, foi sempre considerada, pelos céticos e materialistas, como uma lenda de origem mitológica. Mas o apóstolo Paulo, na sua epístola aos coríntios, colocou o problema em termos naturais. Jesus não ressuscitou de maneira excepcional, gozando de um privilégio divino, mas de maneira natural, obedecendo à lei da ressurreição, que preside a todas as mortes na Terra. O sentido universal da ressurreição não foi compreendido pelas religiões cristãs. Todas elas se confundiram com a ideia do juízo final e firmaram o dogma da ressurreição do corpo. Nesse caso, a ressurreição de Jesus se tornava uma exceção, um fato sobrenatural. *(O mistério do bem e do mal)*

REUNIÃO MEDIÚNICA - Todos os espíritos, ao passarem pela morte, têm o dever de reintegrar-se na posse de sua consciência e dos seus deveres. Gozando do seu livre- arbítrio, apegados a condições que lhe parecem favoráveis para viverem à vontade, entregam-se a ilusões que devem ser desfeitas pela doutrinação. E para isso que são levados às sessões, e não para serem acocados em suas fantasias. Os espíritos que a protegem recorrem ao ambiente mediúnico para que eles possam ser mais facilmente chamados à realidade, graças às condições humanas em que mergulham no fluido mediúnico das sessões. *(A obsessão, o passe e a doutrinação)*

REVELAÇÃO CRISTÃ - Kardec nos transmitiu os ensinamentos codificados em *O livro dos espíritos*. Esta codificação é a da Terceira Revelação, que não anuncia mais nenhuma, porque nela a Revelação cristã se completa, abrindo definitivamente as portas da mediunidade para o diálogo do visível com o invisível. Estando as portas abertas, a Revelação cristã flui naturalmente daqui para diante, sem necessidade das divisões históricas do início. Por isso e para isso é que o espiritismo não se fecha numa estrutura dogmática e eclesiástica. *(Visão espírita da Bíblia)*

REVELAÇÃO DUPLA - O espiritismo é uma dupla revelação, ao mesmo tempo divina e humana. Revelação divina, porque procedente dos planos espirituais, e humana, porque corroborada pela pesquisa e a observação científicas. *(O infinito e o finito)*

REVELAÇÕES ESPIRITUAIS - Assim como nas páginas da Bíblia está anunciado o advento do Cristo, também nas páginas do Evangelho está anunciado o advento do Espírito de Verdade. Este advento se deu no século 19, com a terceira e última Revelação cristã, chamada Revelação espírita. *(Visão espírita da Bíblia)*

REVISTA ESPÍRITA - Todo estudioso da codificação sabe que Kardec indica, frequentemente, nos seus livros, a consulta a *Revista Espírita*. Problemas que não podiam ser esclarecidos amplamente nos livros, que deviam sujeitar-se a limites de espaço, estão expostos com todas as minúcias na revista. Impossível, pois, absolutamente impossível, um conhecimento aprofundado do espiritismo sem a consulta a essa obra. *(O homem novo)*

REVOLUÇÃO CULTURAL - Estamos às portas de uma revolução cultural decisiva. A terapêutica espírita exerce uma fascinação crescente sobre os cientistas e os médicos arejados, de mente aberta para as possibilidades novas. Que farão as religiões dogmáticas em face das transformações radicais que já abalam suas velhas estruturas? *(Agonia das religiões)*

RHINE - Rhine não é apenas um pesquisador, é também um pensador. E um pensador capaz de tratar os resultados de suas experiências não apenas de maneira matemática e lógica, mas também emocional. *(Parapsicologia hoje e amanhã)*

ROUSTAING - Roustaing procedeu como um neófito do espiritismo, deixando que o entusiasmo inicial o levasse a uma posição perigosa no trato com os médiuns e os espíritos. As advertências de Kardec a respeito não foram consideradas por Roustaing, como ainda hoje não o são por muitas pessoas demasiado entusiastas e ansiosas de 'novas revelações'. *(O verbo e a carne – duas análises do roustainguismo)*

ROMANCE PARANORMAL I - A descoberta do paranormal modificou a nossa concepção do mundo e da vida. (...) No tocante ao romance e a todas as formas de literatura e arte, ciência e saber, as pesquisas parapsicológicas exigiam transformações radicais. (...) Foi então que, em meio aos mais estranhos experimentos (...) começou a surgir a ideia do romance paranormal. *(Metrô para o outro mundo)*

ROMANCE PARANORMAL II - Para evitar esse e outros perigos, a ficção científica paranormal deve ater-se às possibilidades demonstradas pelas pesquisas nas ciências do paranormal. Este é um critério ao mesmo tempo ético e estético que preserva a legitimidade do romance paranormal. *(Metrô para o outro mundo)*

SABER E CRER - O saber é superior ao crer, pois é uma conquista da experiência individual no trato direto com os fatos reais. *(Educação para a morte)*

SALVAÇÃO - Religiões que nos prometem a salvação, em termos de dependência aos seus princípios contraditórios e absurdos, só subsistem, neste século, graças à ignorância da maioria, das massas incultas, e do prestígio social, político e econômico que conseguiram num passado bárbaro da Terra. *(Educação para a morte)*

SEGREDO DA SERENIDADE - A emoção da verdade pode explodir como qualquer carga emotiva, por aceleração de tempo emocional, enquanto a falsidade evasiva escorrega sempre, com a facilidade e flexidez das serpentes. O segredo da serenidade está na sua própria espontaneidade. *(O ser e a serenidade)*

SEGUNDA REVELAÇÃO - A Bíblia é um livro de grande importância histórica, pois representa a codificação da Segunda Revelação. *(Visão espírita da Bíblia)*

SENTIDO DA VIDA - A vida só tem sentido quando serve de preparação para vidas melhores. O destino não é viver como fera, mas viver para transcender-se, numa escalada do Infinito em busca das constelações superiores. *(Educação para a morte)*

SEPARAÇÃO - O que Deus juntou pelo amor permanece unido pela própria força do amor. E se alguém o separar estará cometendo uma ação contrária à vontade divina. Mas o que os homens juntaram por interesse não tem estabilidade. Por isso os próprios homens criaram leis humanas que preservem a sociedade da desagregação produzida pelas separações inevitáveis. *(Na era do espírito)*

SEPARATISMOS - Sem a chave do espiritismo, a Bíblia e o Evangelho dão motivos a muitas incompreensões e separatismos. Foi por isso que as guerras religiosas ensanguentaram os caminhos terrenos do cristianismo e as fogueiras fratricidas transformaram em negra fumaça os divinos preceitos evangélicos. É ainda por isso que os cristãos se matam em nome de Deus na própria Europa dos nossos dias, incapazes de perceber o crime hediondo que praticam. *(O homem novo)*

SERENA É A VIDA - Serena é a vida, quando feliz. Serenas correm as nuvens, na transparência azul do céu. Serenas são as flores, e serena é a brisa que as embala e carrega os seus aromas. Sereno é o ar, nas manhãs de primavera, e serenas as estrelas, nas noites de inverno. *(O ser e a serenidade)*

SERENIDADE I - A serenidade baixa do céu sobre os homens. Mas, às vezes, serpeia docemente aos nossos pés, na cantiga de córrego, ou adormece em reflexos aos nossos olhos, na face de um lago. Todos os homens admiram a serenidade, embora vivam na inquietação e a ela se acomodam. *(O ser e a serenidade)*

SERENIDADE II - A busca da serenidade se define como a busca de Deus. (...) A compreensão profunda da dinâmica do espírito é essencial à busca da serenidade, e consequentemente à sua realização. Somente através do desenvolvimento progressivo das potencialidades do espírito podemos atingir a serenidade. *(O ser e a serenidade)*

SERMÕES E PALAVRÓRIOS - Não é com sermões tecidos de palavras mansas e palavrório emotivo, nem com piedade fingida, bênçãos formais do profissionalismo religioso, promessas de um céu de delícias ao lado de ameaças de condenações eternas que podemos despertar os homens para uma vida mais elevada. *(Educação para a morte)*

SERVIR - O espiritismo se liga a todos os campos das atividades humanas, não para entranhar-se neles, mas para iluminá-los com as luzes do espírito. Servir o mundo através de Deus é a sua função, e não servir a Deus através do mundo, que nada pode dar a Deus, senão a obediência às leis divinas. *(O centro espírita)*

SESSÕES MEDIÚNICAS - A realização das sessões mediúnicas nos centros ou grupos espíritas é uma necessidade doutrinária. As sessões não são feitas com a finalidade pura e simples de 'ouvir espíritos', como pensam as pessoas pouco informadas sobre a doutrina. Bem mais ampla é a finalidade das sessões, que se destinam ao socorro espiritual de criaturas necessitadas, tanto encarnadas quanto desencarnadas. *(O infinito e o finito)*

SEXUALIDADE - A sexualidade é o fundamento da vida e o sexo é a sua forma de manifestação. Os psiquiatras ingênuos ou ignorantes brincam hoje com fogo em seus consultórios e suas clínicas e estão incendiando o mundo. Partem para o sofisma em defesa própria, alegando a impossibilidade de se caracterizar o que é normal e o que é anormal. Com isso pretendem declarar normais as anormalidades mais aviltantes. (*Vampirismo*)

SILÊNCIO - Claro que não devemos concordar com tudo e tudo aprovar em silêncio, pois a tolerância de acomodação equivale à cumplicidade com o erro. (*Astronautas do além*)

SIMBOLOGIAS - Quanto mais avança o conhecimento, mais se vão descobrindo as relações da obra de Kardec com as alegorias e simbologias religiosas da chamada sabedoria antiga, das mais velhas religiões da Índia, da China, do Egito, da Babilônia e assim por diante. Com tudo isso, o espiritismo se confirma dia a dia como a doutrina do futuro. (*A pedra e o joio*)

SINCRONICIDADE - As coincidências significativas constituem uma das teses mais curiosas da parapsicologia, numa teoria formulada pelo famoso psicólogo Karl Jung (...) Coloca o problema da lei de sincronicidade, que substituiria nos fenômenos paranormais a lei física de causa e efeito. No plano mental, que não é físico, não haveria causa e efeito, mas sim um processo de sincronia, de simultaneidade. (*Na hora do testemunho*)

SÍNTESE DO CONHECIMENTO I - O espiritismo aparece como uma síntese dos esforços humanos para compreensão do mundo e da vida. Justifica-se, assim, que haja dificuldade para a sua compreensão, apesar da clareza da estrutura doutrinária da codificação. De um lado, o povo não pode abarcá-lo na sua totalidade, contentando-se com o seu aspecto religioso; de outro, os especialistas não admitem a sua natureza sintética; e de outro, ainda, os preconceitos culturais levantam numerosas objeções aos seus princípios. (*O espírito e o tempo*)

SÍNTESE DO CONHECIMENTO II - Repetindo afirmações de Kardec e Denis, o espiritismo é a grande síntese do conhecimento. Originada pelo desenvolvimento histórico do cristianismo, essa síntese obedece à orientação do Cristo: Não vem destruir ou negar, mas confirmar e explicar. *(Visão espírita da Bíblia)*

SINTO, LOGO EXISTO - Todos conhecemos a expressão de Descartes: *Cogito, ergo sum* – "Penso, logo existo". Kardec não repetiu Descartes, mas acrescentou um verbo novo ao pensar, ampliando o conceito da presença de Deus no homem. Podemos interpretar assim a posição de Kardec: "Sinto Deus em mim, logo existo." É o que vemos no capítulo. 10 de *O livro dos espíritos*, onde a questão é assim colocada no item 6: "O sentimento intuitivo da existência de Deus que trazemos em nós seria efeito da educação e o produto de ideias adquiridas?" A resposta dos Espíritos é esta: "Se assim fosse, por que os vossos selvagens teriam também esse sentimento?". A essas duas perguntas, a esse duelo que travou com os Espíritos, Kardec acrescenta no comentário ao mesmo item: "Se o sentimento da existência de um Ser supremo fosse apenas o produto de um ensino, não seria universal e só existiria, como as noções científicas, entre os que puderam receber o ensino". *(Introdução à filosofia espírita)*

SOCIEDADE - Deus não está ausente nas horas difíceis das grandes transformações sociais. Pelo contrário, sua presença se faz sentir de maneira mais intensa nessas horas, orientando através de suas leis os processos renovadores, de maneira a que os excessos sejam contidos por meios naturais. *(Concepção existencial de Deus)*

SOCIEDADE ILUMINADA - As almas iluminadas iluminam a sociedade, mas a sociedade iluminada deve iluminar as almas. Não podemos nos esquecer dessa reciprocidade. *(O reino)*

SOCIOLOGIA - Os fins da vida social são os mesmos, no mundo espiritual e no mundo corporal: o desenvolvimento das potencialidades do Espírito, a sua realização moral. A palingenesia tem verso e reverso: nascemos e renascemos nos dois planos. As existências sucessivas são, portanto, intercaladas: a cada existência corporal sucede uma espiritual. E nessas duas existências as relações sociais constituem formas necessárias da evolução espiritual: na existência corporal as relações sociais são objetivas e condicionadas ao processo de exteriorização do espírito; na existência espiritual as relações são subjetivas e sua interiorização condiciona o aproveitamento da experiência corporal. *(Introdução à filosofia espírita)*

SÓCRATES - Os homens enrolam-se em suas próprias palavras, como as abelhas domésticas na barba do seu tratador. Os sofistas gregos provavam todas as contradições, mostrando que a verdade não passava de um jogo de palavras. Mas entre eles estava Sócrates, protegido pelo seu daemon, o seu espírito amigo, que de repente começou a perguntar aos sofistas: O que é isso? (...) Ele descobrira que a verdade estava nos conceitos e não nas palavras. *(Curso dinâmico de espiritismo)*

SOFRIMENTO I - Não estamos na vida para sofrer, mas para aprender. Cada dificuldade que nos desafia é uma experiência de aprendizado. O sofrimento é consequência da nossa incompreensão da finalidade da vida. Desenvolvendo a razão no plano humano, o ser se envaidece com a sua capacidade de julgar e comete os erros da arrogância, da prepotência, da vaidade, da insolência. Julga-se mais dotado que os outros e com mais direitos que eles. Essa é a fonte de todos os males humanos. *(A obsessão, o passe e a doutrinação)*

SOFRIMENTO II - Estamos na hora de perguntar se a dor é realmente uma das alavancas da evolução humana e da evolução geral, ou é apenas um subproduto de nossas loucuras industrializantes. *(O Mistério do ser ante a dor e a morte)*

SUICÍDIO - Não se deve temer no suicídio o suposto castigo de Deus, mas as consequências naturais do ato de violação de um processo vital. Temos de compreender a dinâmica da Natureza, tanto para viver como para morrer. *(Educação para a morte)*

TER - Não roube; não aprove o roubo; não elogie o roubo; não queira possuir mais do que o necessário, porque para isso é preciso tirar dos outros e aumentar a miséria do mundo, em prejuízo da riqueza do reino. *(O reino)*

TERAPIA ESPÍRITA - A terapia espírita não terá eficácia se não pudermos aplicá-la a nós mesmos e ao nosso movimento doutrinário. Sem uma base de convicção firme e de fidelidade à obra de Kardec não poderemos curar-nos a nós mesmos, quanto mais aos outros. *(Ciência espírita e suas implicações terapêuticas)*

TOQUE - O toque é a forma mais comum de verificação da verdade. Usa-se o toque na medicina, na agricultura, na joalheria – onde é tão conhecida a função da pedra de toque – e praticamente em todas as atividades humanas. Foi pelo toque dos dedos nas chagas que Tomé reconheceu a legitimidade da aparição de Jesus ressuscitado. No espiritismo a pedra de toque é a obra de Kardec. *(A pedra e o joio)*

TRABALHO - No próprio desenvolvimento da civilização o trabalho individual se abre, progressivamente, nos processos de distribuição, para o plano superior do trabalho coletivo. Por isso, é no trabalho e através do trabalho que o homem se realiza como ser, desenvolvendo suas potencialidades. *(Curso dinâmico de espiritismo)*

TRABALHO DIVINO - Deus não trabalha com coisas, mas com leis. *(Educação para a morte)*

TRABALHO DO ESPIRITISMO - O grande trabalho do espiritismo no mundo é mostrar aos homens a realidade da sobrevivência, a finalidade evolutiva da vida terrena, e a necessidade de orientação evangélica do indivíduo e da sociedade. A sobrevivência, ao mesmo tempo que liberta o homem do terror da morte, sobrecarrega-o de responsabilidades morais. A compreensão de seu destino evolutivo, alargando-lhe os horizontes mentais, aprofunda-lhe o senso dessas responsabilidades. E o Evangelho então lhe aparece na sua verdadeira significação de código divino, para orientação das criaturas terrenas em direção ao céu. (*O infinito e o finito*)

TRABALHO MEDIÚNICO - Sem estudo constante da doutrina não se faz espiritismo, cria-se apenas uma rotina de trabalhos práticos que dão a ilusão de eficiência. Estudo e pesquisa, observação constante dos fatos, análise das mensagens recebidas, observação dos médiuns, exigência de educação mediúnica, com advertências constantes para que os médiuns aprendam a se controlar, não se deixando levar pelos impulsos recebidos das entidades comunicantes – esse é o preço de trabalhos mediúnicos eficazes. Mas, acima de tudo e antes de tudo: humildade. Porque espiritismo sem humildade é água poluída, cheia dos germes da pretensão, da vaidade, do orgulho que atraem os espíritos inferiores. Um presidente de centro não é presidente da República e um doutrinador não é um sábio. Pelo contrário, são criaturas necessitadas que estão aprendendo a arte difícil de servir e não a de baixar decretos, dar ordens e humilhar os outros em públicos. (*O centro espírita*)

TRADIÇÃO FILOSÓFICA - A filosofia está francamente de volta às suas raízes espiritualistas, à sua verdadeira tradição, pois ela sempre foi um campo de cogitação sobre os problemas do espírito. (*Pedagogia espírita*)

TRADIÇÃO RELIGIOSA - Kardec sabia o que fazia, quando evitava a confusão do espiritismo com as religiões dogmáticas e formalistas, sem entretanto negar ao espiritismo o seu aspecto religioso. Teve mesmo o cuidado de não cortar em excesso as ligações da doutrina com a tradição religiosa, pois sabia que a evolução não pode sofrer, sem graves perigos de solução de continuidade. O princípio espírita do encadeamento de todas as coisas no Universo estava presente em sua mente. *(Agonia das religiões)*

TRAGÉDIA HUMANA - O ponto central da tragédia humana está no conceito absurdo, formulado pela inteligência mundial, de um Deus ilógico e sem grandeza. De nada valerão as assembleias mundiais de sábios e chefes de nações, as reuniões de cúpula das grandes potências, a assinatura de tratados sem substância moral, os gigantescos arsenais de armas atômicas, os pactos da traição. *(Concepção existencial de Deus)*

TRANSCENDÊNCIA DO HOMEM - O homem supera a Natureza desde o momento em que se torna capaz de organizar-se em sociedade. Nesse momento, ele deixa de ser o animal gregário das cavernas para adquirir uma nova natureza, tornando-se o animal político de Aristóteles, ou seja: um ser social. Dessa maneira, o ser biológico é superado por uma forma nova de ser. O desenvolvimento humano é um processo de transcendência. Cada fase do processo representa uma superação da anterior. Superar a Natureza, portanto, não quer dizer apenas dominá-la, adquirir poder sobre as coisas exteriores, mas superar-se a si mesmo. *(O espírito e o tempo)*

TRANSIÇÃO - A morte nos espera e surpreende a todos, mas quando aprendemos que a morte não é a estação final da vida e sim um ponto de baldeação para outros destinos, reconhecemos a necessidade das fases de transição, que nos fazem conhecer o avesso do mundo. É nessas fases que a rotina das civilizações se quebra, se despedaça, para que o fluxo da evolução possa prosseguir nas civilizações subsequentes. *(Educação para a morte)*

TRANSIÇÃO PLANETÁRIA - O problema das modificações do eixo da Terra é um problema de ordem astronômica e geológica, (...) que não pertence ao espiritismo. Espiritismo é a ciência do Espírito. Essa determinação (...) para que se iniciem catástrofes geológicas terríveis, que marcarão indícios do fim do mundo, em nosso planeta, é uma dessas profecias apocalípticas que, através dos tempos, vêm se anunciando e, na verdade, correspondem apenas a processos imaginativos. É verdade que o planeta vai passar e está passando de mundo de provas e expiações para mundo de regeneração. Mas essa transição, como todas as transições importantes que se efetuam na Natureza, processa-se de maneira lenta, através das leis naturais. *(No limiar do amanhã)*

TRATADO FILOSÓFICO - Um filósofo, um professor de filosofia, um pensador honesto e até mesmo uma simples criatura de bom senso não podem negar a existência da filosofia espírita, a menos que não saibam o que essa palavra significa. Muito menos negar a natureza filosófica de *O livro dos espíritos*, que é um verdadeiro tratado de filosofia. *(Introdução à filosofia espírita)*

TREVAS - Basta ao homem acender uma pequena luz nas trevas para que a escuridão se dissipe e o contorno das coisas se mostre por si mesmo. *(O ser e a serenidade)*

TRIBUNAL DE DEUS - O homem é o seu próprio juiz, no aquém e no além. Ninguém lhe pede contas do que fez, mas ele mesmo se defronta com a imagem do que foi e do que é. Essa a infalibilidade da justiça divina. O tribunal de Deus está instalado na consciência de cada um de nós e funciona com a regularidade absoluta das leis naturais. *(Concepção existencial de Deus)*

TRIBUTO - Através da imensa e variada fenomenologia mediúnica, desde as simples manifestações de tiptologia até as de incorporação, de voz-direta e de materialização, o espiritismo vem demonstrando positivamente a realidade da sobrevivência. Os que se obstinam em ignorar essas experiências (...) pagam o duro tributo do sofrimento sem remédio que as velhas concepções lhes impõem. *(O homem novo)*

TRILOGIA DO SERENISTA - Procura sempre a perfeição. Não te deixes abater. Eleva-te sempre às circunstâncias. *(O ser e a serenidade)*

TRÍPLICE ASPECTO - O espiritismo é ciência, quando se ocupa das relações entre o visível e o invisível, no campo dos fenômenos mediúnicos; é filosofia, quando nos oferece uma concepção própria da vida e do mundo; e é religião, quando traça normas de conduta moral e espiritual, objetivando a aproximação da criatura ao Criador. O espiritismo reúne em seu corpo doutrinário esses três aspectos em virtude de sua natureza de síntese conceptual. *(O infinito e o finito)*

UNIVERSALISMO - O mundo que o espiritismo está construindo na Terra, com base nos princípios fundamentais do cristianismo, é essencialmente universalista, e, portanto, anti-sectário. O espiritismo não se proclama o único meio de salvação humana, nem se diz o detentor exclusivo da verdade. Do ponto de vista espírita, todas as religiões são formas de interpretação da suprema verdade, e todas conduzem o homem a Deus, quando praticadas com sinceridade. O que importa, como dizia Kardec, não é a forma, mas o espírito. *(O homem novo)*

UTOPIAS - Como advertiu Kardec, devemos pisar no terreno sólido da realidade, deixando as utopias, por mais fascinantes que se apresentem, que se submetam à prova inexorável do tempo. Não somos utópicos, somos realistas. Não jogamos com possibilidades, mas com fatos. E fora dos fatos e da sua pesquisa rigorosa não temos espiritismo. *(A pedra e o joio)*

VAIDADE - Ninguém pode fazer espiritismo por conta própria. O espiritismo é uma doutrina científica que exige estudo atento e incessante de seus princípios. Só pessoas excessivamente vaidosas e pretensiosas podem acreditar que suas ideias pessoais são mais válidas que os princípios de uma doutrina superior e comprovada pela experiência secular. *(O infinito e o finito)*

VALE TUDO - Todos sabemos que temos de mudar, de passar de um sistema de vida para outro, de reformar as nossas ideias, mas nem todos compreendemos o que é isso. A maioria das criaturas está procedendo como ratos de navio na hora de naufrágio. É a hora de 'vale tudo'. Ninguém se engane, porém, diante do tumulto do mundo. Não caminhamos para a confusão, para a anarquia, para a baderna, mas para um mundo melhor. *(O infinito e o finito)*

VAMPIRISMO - Assim como o parasitismo influi no desenvolvimento das plantas e no comportamento dos animais, o vampirismo influi no comportamento humano individual e social. Entre os vários elementos, coisas e seres que agem sobre o comportamento humano, o mais perturbador e o que mais profundamente ameaça as estruturas físicas e espirituais do ser humano é o vampirismo, porque é a atuação consciente de um ser sobre o outro, para deformar-lhe os sentimentos e as ideias, conturbar-lhe a mente e levá-lo a práticas e atitudes contrárias ao seu equilíbrio orgânico e psíquico. (...) A lei é a mesma do parasitismo vegetal e animal. A entidade espiritual parasitária procura ajustar-se ao parasitado, na posição de uma subpersonalidade afim. *(Vampirismo)*

VAMPIRISMO TELÚRICO - O vampirismo telúrico é o exercido pelo homem na face do planeta. Os vampiros somos nós, que exaurimos com a nossa voracidade os recursos da Terra. (...) Vampirizando-nos mutuamente, vampirizamos a Natureza, exaurindo os seus recursos, que pareciam inesgotáveis, e tivemos de sofrer as consequências desse abuso criminoso e suicida. *(Vampirismo)*

VAMPIRO - Na vida material como na vida espiritual o vampirismo é um processo comum e universal do relacionamento afetivo e mental das criaturas. É vampiro o sacerdote que fanatiza um crente e o submete às suas exigências para explorá-lo com a promessa do céu, como é vampiro o demagogo político que fascina os adeptos de suas ideias e os leva ao sacrifício inútil e brutal da revolta e do terrorismo. É vampiro o espírita ou o médium que fascina os ingênuos com a falsificação de poderes que não possui, revelando-lhes supostas reencarnações deslumbrantes e conduzindo-os ao delírio das suas ambições de grandeza. É vampiro o negocista esperto que suga as economias de seus clientes com falsas promessas para um futuro improvável. É vampiro o galanteador donjuanesco que se apossa da afeição das mulheres inseguras para explorá-las. É vampiro o alcoólatra ou o toxicômano que semeia desgraça em seu redor. É vampiro o espírito sagaz ou vingativo que suga as energias das criaturas humanas e subjuga outros espíritos para agir na conquista e dominação de outras, e assim por diante, na imensa e variada pauta do vampirismo material e espiritual. *(Vampirismo)*

VERDADE - A busca de Deus é a busca da verdade, a descoberta por cada um da essência do real, a superação do ilusório. *(Concepção existencial de Deus)*

VEROSSIMILHANÇA - Para ser verdadeiro, o romance deve se ater, em qualquer gênero, à verossimilhança. Do contrário se transforma em fábula. *(Metrô para o outro mundo)*

VESTUÁRIO DO ESPÍRITO - Os espíritos se vestem porque são criaturas humanas que viveram na civilização. E quando se apresentam com instrumentos e objetos nas mãos e porque se acostumaram ao uso dos mesmos e os consideram como elementos válidos de sua identificação. *(Relação espírito-corpo)*

VIDA - "Nascer, crescer, viver, morrer, renascer ainda, progredir sempre, tal é a lei", afirmou Kardec. Nascimento, vida e morte nada mais são do que três fases de um mesmo e único processo, o processo da vida. *(O homem novo)*

VIDA EM FAMÍLIA - Os familiares desagradáveis são hoje o que deles fizemos ontem. Nada acontece por acaso, sem razão, em nossas vidas. *(Na era do espírito)*

VIOLÊNCIA - Se o domínio é da força e da violência, a covardia se transforma em regra de ouro que só os tolos não aceitam. *(Educação para a morte)*

VISÃO ESPÍRITA DA BÍBLIA - O espiritismo ensina a encarar a Bíblia como um marco da evolução religiosa na Terra, mas não faz dela um novo bezerro de ouro. *(Visão espírita da Bíblia)*

VÍTIMA DE VAMPIRISMO - Mais do que estimulações morais, deve-se recorrer ao esclarecimento racional do problema. A criatura humana é sempre mais sensível às explicações lógicas do que às exortações puramente morais e geralmente piegas, desvalorizadas pela ação corrosiva da hipocrisia de pregadores que fazem o contrário do que ensinam. A vítima de vampirismo e os seus algozes necessitam de estímulo racional, pois a prática vampiresca se funda sempre nos processos sensoriais e afetivos. São sempre criaturas que alegam carência de amor, de afetividade, como crianças mimadas que passam pelos traumatismos do abandono. *(Vampirismo)*

VIVÊNCIA DO ESPIRITISMO - A simples compreensão de uma doutrina, porém, não implica a sua vivência. Além de compreendê-la, temos de senti-la. Somente quando compreendemos e sentimos o espiritismo, quando o incorporamos à nossa personalidade, quando o assimilamos profundamente em nosso ser, é que podemos vivê-lo. Daí a razão de Allan Kardec ter afirmado a existência de vários tipos de espíritas, concluindo que "o verdadeiro espírita se conhece pela sua transformação moral". Espiritismo compreendido e vivido transforma moralmente o homem. *(O infinito e o finito)*

Relação de livros pesquisados

A obsessão, o passe e a doutrinação
A pedra e o joio
Adão e Eva
Agonia das religiões
Arigó – vida, mediunidade e martírio
Ciência espírita e suas implicações terapêuticas
Concepção existência de Deus
Curso dinâmico de espiritismo
Educação para a morte
Evolução espiritual do homem
          na perspectiva da doutrina espírita
Introdução à filosofia espírita
Mediunidade: vida e comunicação
O centro espírita
O espírito e o tempo
O homem novo
O infinito e o finito
O mistério do bem e do mal
O mistério do ser ante a dor e a morte
O reino
O sentido da vida
O ser e a serenidade
O túnel das almas
O verbo e a carne – duas análises do roustainguismo
          (em parceria com Júlio Abreu Filho)
Os filósofos
Os sonhos de liberdade
Os três caminhos de Hécate

Parapsicologia hoje e amanhã
Pedagogia espírita
Pesquisa sobre o amor
Poesias
Relação espírito-corpo
Revisão do cristianismo
Vampirismo
Visão espírita da Bíblia

Em parceria com Francisco C. Xavier e espíritos diversos:
Astronautas o além
Chico Xavier pede licença
Diálogo dos vivos
Na era do espírito
Na hora do testemunho
No limiar do amanhã